心一堂術數古籍整理叢刊　占筮類

學君平卜易存驗
管公明十三篇

[清]華日新撰
[明]佚　名撰
劉長海校訂

心一堂有限公司
星易圖書有限公司

書名：學君平卜易存驗 管公明十三篇 合刊
系列：心一堂術數古籍整理叢刊　占筮類
作者：〔清〕華日新　〔明〕佚名
主編、責任編輯：陳劍聰
心一堂術數古籍叢刊編校小組：陳劍聰 梁松盛 鄒偉才 虛白盧主 李鏘濤
莊圓 丁鑫華 天乾山人

出版：心一堂有限公司
地址／門市：香港九龍尖沙咀東麼地道六十三號好時中心LG 六十一室
電話號碼：+852-6715-0840　+852-3466-1112
網址：publish.sunyata.cc
電郵：sunyatabook@gmail.com
網上書店：http://book.sunyata.cc
網上論壇：http://bbs.sunyata.cc/

出版：星易圖書有限公司
地址：香港九龍旺角西洋菜南街十四之二十四號榮華大樓五字樓十六室
電話號碼：+852-3997-0550　+852-3997-0560
網址：http://www.xinyibooks.com

版次：二零一五年四月初版
平裝
定價：港幣　一百一十八元正
新台幣　四百六十元正
國際書號：ISBN 978-988-8316-40-3

香港及海外發行：香港聯合書刊物流有限公司
地址：香港新界大埔汀麗路三十六號中華商務印刷大廈三樓
電話號碼：+852-2150-2100
傳真號碼：+852-2407-3062
電郵：info@suplogistics.com.hk

台灣發行：秀威資訊科技股份有限公司
地址：台灣台北市內湖區瑞光路七十六巷六十五號一樓
電話號碼：+886-2-2796-3638
傳真號碼：+886-2-2796-1377
網絡書店：www.bodbooks.com.tw
台灣讀者服務中心：國家書店
地址：台灣台北市中山區松江路二〇九號一樓
電話號碼：+886-2-2518-0207
傳真號碼：+886-2-2518-0778
網絡書店：http://www.govbooks.com.tw/

中國大陸發行・零售：心一堂書店
深圳地址：中國深圳羅湖立新路六號東門博雅負一層零零八號
電話號碼：+86-755-8222-4934
北京地址：中國北京東城區雍和宮大街四十號
心一店淘寶網：http://sunyatacc.taobao.com

心一堂術數古籍 珍本 整理 叢刊 總序

術數定義

術數，大概可謂以「推算（推演）、預測人（個人、群體、國家等）、事、物、自然現象、時間、空間方位等規律及氣數，並或通過種種『方術』，從而達致趨吉避凶或某種特定目的」之知識體系和方法。

術數類別

我國術數的內容類別，歷代不盡相同，例如《漢書·藝文志》中載，漢代術數有六類：天文、曆譜、五行、蓍龜、雜占、形法。至清代《四庫全書》，術數類則有：數學、占候、相宅相墓、占卜、命書、相書、陰陽五行、雜技術等，其他如《後漢書·方術部》、《藝文類聚·方術部》、《太平御覽·方術部》等，對於術數的分類，皆有差異。古代多把天文、曆譜、及部份數學均歸入術數類，而民間流行亦視傳統醫學作為術數的一環；此外，有些術數與宗教中的方術亦往往難以分開。現代民間則常將各種術數歸納為五大類別：命、卜、相、醫、山，通稱「五術」。

本叢刊在《四庫全書》的分類基礎上，將術數分為九大類別：占筮、星命、相術、堪輿、選擇、三式、讖諱、理數（陰陽五行）、雜術（其他）。而未收天文、曆譜、算術、宗教方術、醫學。

術數思想與發展——從術到學，乃至合道

我國術數是由上古的占星、卜筮、形法等術發展下來的。其中卜筮之術，是歷經夏商周三代而通過「龜卜、蓍筮」得出卜（筮）辭的一種預測（吉凶成敗）術，之後歸納並結集成書，此即現傳之《易經》。經過春秋戰國至秦漢之際，受到當時諸子百家的影響、儒家的推祟，遂有《易傳》等的出現，原本是卜筮術書的《易經》，被提升及解讀成有包涵「天地之道（理）」之學。因此，《易．繫辭傳》曰：「易與天地準，故能彌綸天地之道。」

漢代以後，易學中的陰陽學說，與五行、九宮、干支、氣運、災變、卦氣、讖緯、天人感應說等相結合，形成易學中象數系統。而其他原與《易經》本來沒有關係的術數，如占星、形法、選擇，亦漸漸以易理（象數學說）為依歸。《四庫全書．易類小序》云：「術數之興，多在秦漢以後。要其旨，不出乎陰陽五行，生尅制化。實皆《易》之支派，傅以雜說耳。」至此，術數可謂已由「術」發展成「學」。

及至宋代，術數理論與理學中的河圖洛書、太極圖、邵雍先天之學及皇極經世等學說給合，通過術數以演繹理學中「天地中有一太極，萬物中各有一太極」（《朱子語類》）的思想。術數理論不單已發展至十分成熟，而且也從其學理中衍生一些新的方法或理論，如《梅花易數》、《河洛理數》等。

在傳統上，術數功能往往不止於僅僅作為趨吉避凶的方術，及「能彌綸天地之道」的學問，亦有其「修心養性」的功能，「與道合一」（修道）的內涵。《素問．上古天真論》：「上古之人，其知道者，法於陰陽，和於術數。」數之意義，不單是外在的算數、歷數、氣數，而是與理學中同等的「道」、「理」——心性的功能，北宋理氣家邵雍對此多有發揮：「聖人之心，是亦數也」、「萬化萬事生乎心」、「心為太極」。《觀物外篇》：「先天之學，心法也。……蓋天地萬物之理，盡在其中矣，心一而不分，則能應萬物。」反過來說，宋代的術數理論，受到當時理學、佛道及宋易影響，認為心性本質上是等同天地之太極。天地萬物氣數規律，能通過內觀自心而有所感知，即是內心也已具備有術數的推演及預測、感知能力；相傳是邵雍所創之《梅花易數》，便是在這樣的背景下誕生。

《易．文言傳》已有「積善之家，必有餘慶；積不善之家，必有餘殃」之說，至漢代流行的災變說及讖緯說，我國數千年來都認為天災，異常天象（自然現象），皆與一國或一地的施政者失德有關；下至家族、個人之盛衰，也都與一族一人之德行修養有關。因此，我國術數中除了吉凶盛衰理數之外，人心的德行修養，也是趨吉避凶的一個關鍵因素。

術數與宗教、修道

在這種思想之下，我國術數不單只是附屬於巫術或宗教行為的方術，又往往是一種宗教的修煉手段——通過術數，以知陰陽，乃至合陰陽（道）。「其知道者，法於陰陽，和於術數。」例如，「奇門遁甲」術中，即分為「術奇門」與「法奇門」兩大類。「法奇門」中有大量道教中符籙、手印、存想、內煉的內容，是道教內丹外法的一種重要外法修煉體系。甚至在雷法一系的修煉上，亦大量應用了術數內容。此外，相術、堪輿術中也有修煉望氣（氣的形狀、顏色）的方法；堪輿家除了選擇陰陽宅之吉凶外，也有道教中選擇適合修道環境（法、財、侶、地中的地）的方法，以至通過堪輿術觀察天地山川陰陽之氣，亦成為領悟陰陽金丹大道的一途。

易學體系以外的術數與的少數民族的術數

我國術數中，也有不用或不全用易理作為其理論依據的，如揚雄的《太玄》、司馬光的《潛虛》。也有一些占卜法、雜術不屬於《易經》系統，不過對後世影響較少而已。

外來宗教及少數民族中也有不少雖受漢文化影響（如陰陽、五行、二十八宿等學說。）但仍自成系統的術數，如古代的西夏、突厥、吐魯番等占卜及星占術，藏族中有多種藏傳佛教占卜術、苯教占卜術、擇吉術、推命術、相術等；北方少數民族有薩滿教占卜術；不少少數民族如水族、白族、布朗族、佤族、彝族、苗族等，皆有占雞（卦）草卜、雞蛋卜等術，納西族的占星術、占卜術，彝族畢摩的推命術、占卜術……等等，都是屬於《易經》體系以外的術數。相對上，外國傳入的術數以及其理論，對我國術數影響更大。

曆法、推步術與外來術數的影響

我國的術數與曆法的關係非常緊密。早期的術數中，很多是利用星宿或星宿組合的位置（如某星在某州或某宮某度）付予某種吉凶意義，并據之以推演，例如歲星（木星）、月將（某月太陽所躔之宮次）等。不過，由於不同的古代曆法推步的誤差及歲差的問題，若干年後，其術數所用之星辰的位置，已與真實星辰的位置不一樣了；此如歲星（木星），早期的曆法及術數以十二年為一周期（以應地支），與木星真實周期十一點八六年，每幾十年便錯一宮。後來術家又設一「太歲」的假想星體來解決，是歲星運行的相反，週期亦剛好是十二年。而術數中的神煞，很多即是根據太歲的位置而定。又如六壬術中的「月將」，原是立春節氣後太陽躔娵訾之次而稱作「登明亥將」，至宋代，因歲差的關係，要到雨水節氣後太陽才躔娵訾之次，當時沈括提出了修正，但明清時六壬術中「月將」仍然沿用宋代沈括修正的起法沒有再修正。

由於以真實星象周期的推步術是非常繁複，而且古代星象推步術本身亦有不少誤差，大

校訂序

卜筮一詞，存世逾兩千年。《禮記・曲禮上》：「龜為卜，筴為筮。卜筮者，先聖王之所以使民信時日、敬鬼神、畏法令也；所以使民決嫌疑，定猶與也。」預測吉凶，用龜甲稱卜，用蓍草稱筮。夏商周時期，上至朝廷，下至百姓，凡事須先卜筮。長期以來，歷代卜者不斷修訂占辭，遂成三易，即夏之《連山》，商之《歸藏》，周之《周易》。

至西漢，正史所載焦延壽及其《焦氏易林》成為卜筮真正主流。焦延壽之徒京房，字君明，提倡擲錢法代替蓍草進行的筮法，並在師傳的基礎上加以創新，遂成京房易，內容囊括互卦、消息、爻辰、陰陽升降、卦氣、蒙氣、納甲、五星、二十八宿等，並與陰陽、天文星象、曆法有關。京房另外一個重大貢獻，就是開創了納甲派，成為後世所見六爻筮法的始祖。同時代尚需一提的人物為蜀人嚴君平，有《君平秘授羅沖心法》傳世。在漢代，卜筮的發展達到了正史記載的第一個繁榮鼎盛階段。

三國管輅和晉代郭璞是推動與發展納甲筮法的典型代表。後世有託名管輅所著《斷易神卜奇書》又名《管公神卜奇書》和《管公明十三篇》。郭璞有《洞林秘訣》傳世，但全本未見刊行。

宋代，達到了正史記載的又一個卜筮繁榮鼎盛階段。託名麻衣道者所著的《火珠林》，成書年代為宋代，此書對六爻納甲筮法作出了系統總結，因此後人又將六爻納甲筮法稱之為「火珠林法」。邵雍康節先生著《皇極經世》，明清時期卜筮民間傳承中所使用的理論體系中包含的元會經世內容，就出於此書。後人托其名而創梅花易，亦成明清筮法一重要組成部分。

進入明代，輯錄前人卜筮典籍蔚然成風，如當時較為常見的書籍有汪之顯《新刻元龜會解斷易神書》、姚際隆《卜筮全書》，以及在汪之顯輯錄本基礎上進行修訂的劉希和《類纂諸家斷易啟蒙卜筮全書》、劉世傑《新鍥纂集諸家全書大成斷易天機》和余興國《鼎鍥卜筮鬼谷源流斷易天機大全》等。

清代，納甲筮法在民間更為普及，而斷占理論也更為簡化，其中野鶴老人《增刪卜易》和王洪緒《卜筮正宗》最具代表性。其餘諸書尚有刻本《卜筮易知》、《天心正宗》、《筮學指要》、《易占秘解》、《卜筮精蘊》等，而民間手抄本更是多如牛毛。

《學君平卜易存驗》含《學君平卜易》理論篇及《存驗》實戰篇兩部分，作者昆明華日新，成書時間為清同治三年（西元一八六四年）至同治七年，現藏上海圖書館。作者自署「學君平」，當是慕漢代嚴君平之名而來。《學君平卜易》分《醒心篇》、《談卜八則》及《易義三篇》（仿《陰符經》章句）。各有義理闡發。《存驗》共收錄日常筮案三十六課，其中上下卷各十八課。每課有占斷結果及作者自釋。詳觀其法，與明清盛行的納甲筮法頗有異趣，當是結合京房易及梅花易而自成一體。

《管公明十三篇》，題管輅所撰，正史未載此書，應為後人託名，清曹九錫編《易隱》曾引用此書。最早所見該書藏於上海博物館，未題何時版本，核查全書避諱字，應為明末清初抄本。根據《易隱》成書時間，《管公明十三篇》成書年代下限不晚於明末。網路另有一抄本傳世，題「虞山存存子陳大經侶鷗氏手錄，時七十有二」，未知藏處，未知抄錄時間。虞山位於蘇州常熟，據此推定陳大經當為常熟人士。全書分天時、地理、年時、國朝、征戰、避難、捕獲、尋逃失、失物、功名、會試、陞遷、婚姻、疾病、求醫、生產、住宅、求財、出行、行人、尋館、謀事、開店、頓貨脫貨、借貸、詞訟共二十六篇，與書名十三篇不相契合，疑在歷代傳抄過程中有所增補。比對兩個版本，內容基本雷同，少量字有所差異，兩個版本可互相比勘。

吾友劉長海君，祖籍青海，大學畢業後就職於寧波，從事金融行業。劉君沉浸於易學近三十年，尤好卜筮，並將卜筮應用於股市和期貨預測，創建專門工作室服務於客戶，略有所成。為後學之人能一窺歷代卜筮書之原始面貌，今劉長海君合刊《學君平卜易存驗》、《管公明十三篇》為一書，學者細心玩之，不難由淺即深，登堂入室矣。因筮學水準有限，文本錄入和校對過程中難免存在錯漏之處，還請方家指正。

歲次甲午孟秋東海舟山莊圓於滬上客舟堂

學君平卜易存驗・管公明十三篇目錄

學君平卜易存驗目錄

管公明十三篇目錄

學君平卜易存驗・管公明十三篇目錄終

扉頁跋

溯自一畫而乾坤之象。

時

同治三年甲子夏五月朔日昆明　學商盤氏華曰新撰

學君平卜易

學君平卜易存驗

古滇商盤氏華日新存案

學君平卜易存驗

昆明學商盤氏華曰新　撰輯
青海劉長海　校訂
東海寧波李鏘濤　校閱

學君平卜易

醒心篇

卜之一道，機也，理也，數也。無機則無神，無理則無情，無數則無見。機到者神流，理足者情真，數精者見確。則知機理數，固并行而不悖者也。然一於機者，取機而不言理數；通於理者，揆理而不言機數；精於數者，論數而不言機理；此則非並行而各行也。若卜易則當從機理數中，默參消息；還要從機理數中，靜驗盈虛。探陰陽於動靜，審爻象於幾微。人見單折重交，我求吉凶悔吝。人言父子財官，我審體用貞悔。人論旺相休囚，我察流行氣候。人云六合六衝，我觀一陰一陽。人參青龍白虎，我取乾馬坤牛。人求五行生剋，我觀八卦感應。人尋驛馬動靜，我決行止可否。至於陰陽老少，各有定位；性情剛柔，各具本體。或則動中含靜，或則靜極生動。或則來往有情無情，或則錯綜於先於後。若者邪，若者正；若者明，若者暗；若者是質，若者是氣；若者成象，若者成形。引伸觸類，變動不居；象有所像，爻有所傚。不拘一物，不遺一體；不執一見，不泥一說。大而能容，小而能包。飛潛動植，因象旁通；器用名物，隨象領取。究三才於部位，定五行於個中。機耶？理耶？數耶？會於無形無聲，機也，理也，數也，得於有象有爻也。縱非知易之士，也是入易之門。夫豈徒借名於六十四卦，而實不知六十四卦之生生不已。因何而名，緣何而起也。非我之妄，步人之程；非人之創，得易之真。

歌曰：

乾坤生六子，綜錯見施為。變化中爻寓，機神全體窺。
有情還有性，不蔓亦不支。透得真消息，朝斯夕於斯。

談卜八則

一卜筮一事。占者未卜之前，乃無極也。占者得卦之頃，正無極而太極也。成卦布象，有動有靜，太極既分，則吉凶悔吝之機，消息盈虛之理，老少陰陽之數，呈列目前。是在觀象玩占者，審察氣候，領取機神。應與不應，不在占者之心誠不誠，而在斷者之見真不真。何也？有是象，即有是數；有是數，即有是理；有是理，即有是機也。

一卜筮以誠。誠者，無私無偽之謂也。如沐浴齋戒，滌慮洗心，然後假諸蓍龜。或自筮自卜，或代筮代卜，此皆由潔齊而來。寂感也，誠也。如隨口報字、信手抽籤、觸物成象、據時為卦，此又無思中之無私無偽，寂感寓焉矣，何莫非誠。故卜之一道，不必拘定如何方好，總以寂感自然為善。

一觀象為論卜之至要。若掃象而論世應財官，是術家之學，非易象之學也。術家只知六十四卦之名，何嘗讀易。取得卦名，列以支辰，由支辰而安六親，因六親而斷吉凶，是亦一道也。而易之為象，豈僅乎此。有二氣，有三才；有四時，有五行；有六爻，有八卦；有本象，有中爻；有一本，有萬殊；有性情，有體用；有定位，有方位；有動靜，有錯綜；有吉凶，有貞悔；有內外，有剛柔；有氣候，有流行；有變化，有往來；

有聲色臭味，有形象氣質；有鉅細精粗，有清濁高下；有君臣父子，有夫婦昆弟；有取諸身，有取諸物。是以一卦之中，萬理畢具；六爻之內，萬象包涵。不觀則不知不易，何知交易，何知變易。

一觀象之法。靜卦則以內為體，以外為用，以本卦為貞，以中卦為悔。或錯或綜，因事變通。若動卦之體用，則又不然，有內動，有外動，有內外俱動之不同。內動外靜者，以靜為體，以動為用。內外俱動者，取用雖與靜同，又當以本卦為體，之卦為用。而觀玩爻位，其中之邪正剛柔、性情氣質、動靜往來、當與不當，隱寓吉凶。然總不外知氣候，察流行，以為定論也。

一觀象必先明數。天一，地二；天三，地四；天五，地六；天七，地八；天九，地十。此二氣生五行之生數、成數也。何為生數？一二三四五。何為成數？六七八九十。如河圖之乾一、兌二、離三、震四、巽五、坎六、艮七、坤八，此則對待相成之數。洛書之坎一、坤二、震三、巽四、中五、乾六、兌七、艮八、離九，此則循還相生之數。生數成數，各含至義，而水火木金土之五行備焉。五行備而五味含焉，五色現焉，五聲寓焉，五常立焉，五倫位焉，皆可因象推求，因占領取。是在知氣候、察流行、明體用、觀變化，探消息者之隨象領取也。

一觀象必要知流行。四時五行，各有生旺休衰，此二氣順布之氣候流行也，在所當知矣。至於爻中流行則又不然，由初至上，順以相推。初爻子午，二爻丑未，三爻寅申，四爻卯酉，五爻辰戌，六爻巳亥，定而不移之流行也。大流行者，本年之爻位；小流行者，本月之爻位。而日時流行，亦皆順推其中。惟小流行，當是月之中氣日方到。何也？太陽纏度，中氣始交。試觀陽生於冬至，十一月之中氣；陰生於夏至，五月之中氣。則知按月推流行，當以中氣為定衡。又六爻成一月之卦，則每爻當值一月之五日。五日一候，正可由爻變而推其感應，是在尚占者之審機觀變也。

一乾天，坤地，震雷，巽風，坎水，離火，艮山。兌澤。乾馬，坤牛，震龍，巽雞，坎豕，離雉，艮狗，兌羊。聖人觀象，因八卦而匯其所為，此就一卦一象之所為也。至於六爻重卦取象，聖人繫辭，亦各發明。觀象者，固不能出此範圍，亦何不可旁通其象，因時類推也。

一觀象而不讀易，無以尚占；讀易而僅尚占，終非觀象。聖人設卦、觀象、繫辭，精義入神，窮神達化，夫豈徒供卜筮者之尚其占乎？吾人學易，既苦於識卑見淺，復鮮遇益友明師。縱知《瞿塘易注》，得宣聖之薪傳；《經世皇極》，為邵子之名論。朝誦夕思，愚萌不啟；瞻前忽後，仰鑽無從。究何若因欲善占，勉讀夫《易》。既知觀象，始尚其占，而後讀一卦，而尋思象象爻辭，因何而立是言。讀諸《傳》而探索系序雜說。緣何而詳此論，其未知讀《易》之先。又有《橫溪易案》，佑啟聰明。於是由卜《易》而知讀《易》，由讀《易》而知學《易》，然後知先聖人之觀象繫辭，至費至隱也。

時

同治三年五月望三日昆明後學商盤氏華曰新自勉偶筆

學君平卜易

易義三篇倣《陰符經》章句

上篇凡六節一百二十八字

無象得象，有象言象，備矣。天地萬物，動之則符，萬物本寂，感之於機。動靜觸於目，吉凶發於須。有象實也，無象虛也。運實於虛，其象得也。陰根於陽，陽即是陰；陽生於陰，陰即是陽。陰陽不根，動靜寞冥；陰陽互根，元亨利貞。易有順逆，可以往來；六虛之流，定乎三才。可以消息，機生於動；靜極是基，事乘於數；理氣是的，推之密無，謂之哲人。

中篇凡六節一百字

陰多陽多，易之道也。天地易之統宗，物易之散著，人易之運行，三易貫通，三才會合。故曰：象其形，百物匯；得其神，萬物生。人知因易求易，不知得意忘象是易。日月盈虛，上下剝復，精義含焉，變化見焉。

其為書也，天下莫能載，莫能破。君子得之觀過，小人得之圖功。

下篇 凡九節二百一十八字

大智若愚，大巧若拙。斂形歸真，神明可測；衝漠朕兆，神明莫測。象形於儀，質於儀，本在極。易之無為，而大有為。動潛飛植，莫不繁然。觀象理顯，觀氣理微。易之至變歸於至常，聖人之用在時。盈者虛之肇，虛者盈之肇。盛息於衰，衰消於盛。凡人以生剋制化精，我以動靜寂感明；人以淺盡神，我以不淺神；人以跡其神，我以不跡其神。一芥須彌，當求貫通。

不息之理寂，故四時百物序。時物之理循，故進退因，進退有度，而消息明矣。是故聖人知無息之用，不可忽，神而明之。惟微之心，悠久所不能必。爰有象數，是生名物。乾坤六子，理實氣空。包孕萬有之准，機機乎寓乎神矣。

時

同治七年四月朔四日昆明後學商盤氏華日新學君平謹擬

學君平卜易存驗之卷上

頤往剝來順識以膚之象

壬子年十二月二十一日丁酉，大寒令，一婦問婚姻。

得頤䷚之剝䷖

斷曰：「此象頤，乃自求口實，你不過得喫耳。」旁觀者曰：「是否？」其婦曰：「是。」旁觀者曰：「准了，要厚謝先生。」予曰：「此何足云准，尚有准者未言的。這個婚姻是再婚，不是初婚。正月十二日，便過門，你便得吃了。」其婦未言。旁觀者曰：「是否？」予曰：「若不是，被他罵的。」其婦曰：「果是再婚，可真能成？」予曰：「定成。」其婦去。旁觀者曰：「先生何以知是再婚？」予應曰：「易理至微，卻至顯。此象初爻陽動，己破坤體，知非完全之坤，非再婚而何？斷以定成者，外艮成也。正月流行到三爻，與上爻應，十二日丁巳，日流行到上爻，應剝床以膚。肌膚切近，乃夫婦相處，此理之至麤而至精者也。」

學君平自釋：此卦從動靜體用上看，外艮為體，乃成象；內震為用，陽動還坤，是以知為破體之坤。正月流行一到，即應剝床耳。

頤貞復悔逆料歇事之占

癸丑年二月初一壬子日，鄰人代弟占謀事可能成。

得頤䷚之復䷗

斷曰：「頤，養正也。現做著事，吃著人的飯，何故問謀事可能成？」鄰人曰：「本做著事，問可能處常？」予曰：「七日要歇事，出人家鋪門。」初八日，鄰人來相告曰：「果如其言，昨日出鋪回家矣。」

學君平自釋：此卦子日流行在初爻，得頤養之象。上動變復，失其頤體，綜剝近災，是以歇事。又艮為門闕，到七日不是要動而出門乎。且吉凶悔吝生乎動，又參以機，他本是做著事，反來問謀事，乃是反體。七日來復，原是剝者見復，以頤養己具之人，上動改體，故即七日來復之辭，而反斷之耳。

妄卜非宜忽見喪亡之象

鄰人李姓，自予談卜，每戲弄問卜，迨二十三日。一見設案，便來問卜，予復禁之，彼云：「今日有事，定問一卦。」其年壬子十二月二十三日己亥辰時。

得大過䷛之離䷝

予曰：「禁汝妄卜屢矣，今日卜得此大凶之象，奈何？」李曰：「何如？」予曰：「有喪亡象。」李曰：「可是先生已知麼？」予曰：「爾事吾從何知？」李曰：「喪亡者男耶女耶？」予曰：「是老婦。」李曰：「我外母從海口撐柴船來，忽遭大風，船翻人沒。人來報信，要去打撈，可能撈得著？」予曰：「本日申刻便能撈著，其屍為水草所絆，趕快去罷。」次日來謝曰：「果於翻船處，被水藻所絆，撈著矣。」

學君平自釋：此象以本卦為體，以之卦為用，日時年月流行俱動，乃反常也。大過為屍骸，惟靜爻乃無氣之人位，耦為陰象，故斷以喪亡者老婦。及彼問打撈，乃從之卦變離，為藻，系絆，中二爻又取獨靜，故斷以能尋耳。

既濟已定適逢澤及之時

丙寅年五月初十戊辰日，王耀南問雨澤何日得降。

得既濟䷾之屯䷂

予曰：「既濟者天澤已升，氤氳已定只待三爻一變，電光動而引起雷聲，則天澤下濟矣。查流行之氣，本日已應天澤，惟三爻未動，電光未便引起雷聲耳。待二十戊寅日，氣候一周，值三爻之位，電光動，雷聲起，自然大雨傾盆。然必到午時，方能耳。」至日已降小雨。耀翁至而問曰：「怎的僅下小雨，不聞雷聲？」予曰：「此時尚未交午刻耳。」轉瞬之間，雷聲振動，大雨宏敷，正是午時。耀翁出而笑曰：「被爾猜著矣。」

學君平自釋：此象水火業已既濟，惟三爻動而未周其侯，是待寅日流行已周，三爻開則雷聲起。午時者，時流行亦到初爻，地雷升而天澤降也。

噬嗑徒驚中空之物被盜

壬戌年六月十七壬辰日，小暑節，一老婦愴惶而來，問失物可能尋得，請占之。

得未濟䷿之噬嗑䷔

觀此象離靜為體，坎動為用。離為物，坎為盜。象呈水火既濟，變出噬嗑驚象來。噬嗑為飲食之道，二五兩爻，大小流行俱到，日流行正應盜竊。乃斷曰：「此是坎盜竊中空之物，動而之東，致使水火不濟，噬嗑是驚。」竊物者向東而去，找不著了。其婦嘆曰：「怎處我清晨起來，將鍋失落，火也燒不成了，飯也喫不成了。」嘆惜而去。

學君平自釋：體用已經敘明，其所認定乾，在二五相應。水來剋火，變震動往，乃盜既得物，動而之東。徒使有水不能注，有火惟上炎，驚惶於飲食之道，促不能濟耳。

潛見莫易完固之金得全

壬戌年丁未月辛未日，小暑節，舒香谷來占藩憲傳喚，不知所為，吉凶何如，請為一占。

得乾卦䷀

予曰：「此象四德俱全，本體完固。但是六月陽消陰長，既非其時，則受剋受制，其傳喚也。殆有專責健行之事，應日流行見龍之象也。好在月流行尚居初爻，乃潛龍勿用，正宜潛不宜見。處此勿用之時，但當深潛為妙。然月流行應二爻，乃見象，交二十七日大暑後，則有欲潛不能潛之勢，當自為定奪，勿致見而不能潛也，或是既見，歷此以往。六月應二爻，見而健行之象。七月應三爻，終日乾乾，憂懼惕若之象。八月應四爻，或躍在淵，深入憂懼之境。九月應五爻，利見大人惟此月為吉。十月應上爻，亢龍有悔，轉為潛龍，此一潛也。非深潛之潛，乃憂則違之之潛也。然四德全而體完固，雖備歷艱險，幸無妨礙，終莫若安心於勿用之中，其為完固也更善。」

學君平自釋：此象是順爻推衍，夏至一陰生，應初爻。不必泥觀陰爻，只須按月按爻推看。乾象爻辭，而曆月之遭逢，究不能外。最好者，乾象全體并無動爻，是以信其完固。若有動爻，則占斷迥異，此則言體，而用在其中。至於由亢入潛，此中之艱難險阻，非一言可盡也。推衍若是，而終以全體完固為定者。認定題神，而卦情卦理，與易之時，皆探而出矣。當斷占之後，曾云：道與時違，難質可否。理為欲勝，操在機先。噫。於今猶不能忘其時耳。

坤地伏乾馬往否來泰

壬戌年九月十九日戊辰，立冬節，一人來曰：「我的馬走失。請問一卦，可尋得否？」

得坤䷁之泰䷊

觀此象本體為坤，下卦變乾。坤為地，乾為馬，正是乾馬行於坤地。變泰象曰：「小往大來，吉亨。」何為小往？變綜否，是往象。何為大來？變呈泰，是來象。數往者順，從上至下順看之，綜否是失馬之象。有往否之機，知來者逆，惟變所適，得泰現出物來，乃來泰之象。斷曰：「坤地伏乾馬，你的馬走入西南坤方，只須從西南坤方尋去便得。不過戌時，即可見馬。」其人去。劉勳廷在座曰：「何必定要戌時，於今未時，亦何不可？」予曰：「未時也是，但三爻變，未時方到二爻，須周三爻之變。戌時到五爻，與二爻之變相應，且綜否互艮，馬至戌時，方應入門，是以以戌時為斷。」次日午間，其人嬉嬉而來曰：「昨日問馬的卦，果如所言。我初不信，城內各處都尋遍了，全無影響，心甚煩悶。歸家之時，已是上燈，尋馬的人歸來報我，馬已尋著，站小西門城牆下。業經牽轉回來，我才信卜卦奇處，特來謝謝先生。」

學君平自釋：坤為牛，是本體。他開口問馬，則坤當對待看去。然內坤變乾，馬已顯呈，不必再錯。坤之本體，當以地看，位居西南，不是坤地伏乾馬乎？此中變動，原不可拘，蓋率辭揆方，有一定之典常。如昨日劉勷廷云：「未時亦可。」我云：「戌時方應，以變爻之氣候須周耳。」此中審變、揆方、推時，正是不可為典要，確有典常焉。故觀其上下剛柔來相易，又因所問、認定語氣斷之。復因變觀之，正是繫辭云，不可為典要，惟變所適也。

離火烹坤牛入鼎存革

癸亥年四月十九乙未日，數人從容而來曰：「我麼的牲口走失，請占一卦。」

得晉䷢之鼎䷱

其象內坤變巽，日流行與五相應。問曰：「可是牛麼？」其人曰：「是。」予曰：「何不早尋？」其人曰：「已失數日。」予曰：「內坤為牛，變巽為繩直系之而行。中互變乾，向西北方去。今日乙未，流行到二，與五位離火相應，巽入也。牛體已喪，變鼎，乃湯鍋也。當離火正旺之時，牛體化而入於鼎中，適有離火烹坤牛之象。二三四爻化乾金，乃刀解其體。一二三四五爻成大過，象坎，乃以水濟火之功。三四五互兌，乃悅口之情。合而言之，是以金盛水，加以木火烹煉，有不啟鼎悅口乎。正是牛入湯鍋，不能得見，巽日僅得見其皮耳。蓋綜卦為革，革皮也。牛入鼎中，去其皮以存之，離為目，入目者惟革耳。」

學君平自釋：此由變動氣機，往來氣候，參以綜象互象，是亦惟變所適也。

含女錯男因生辨象

壬戌年十月二十三壬寅日，大雪節，藕船侄持一臨之夬象，占胎產男女吉凶。業已批云：「當生於十一月初十前後。」

得臨䷒之夬䷪

予觀之曰：「坤母含少女於內，動而為乾，乃父見少女於外。應生於十月二十八日丁未，流行到二爻，與大流行動還陽體，一亢而出。小流行在上爻，乃動而還靜，是一少女。應是生女，大小俱安。」彼時張吉暉在坐，見其所批，亟稱有情有理。藕船曰：「大叔所斷日期，與小侄自知者，尚差旬日。」予曰：「我只就流行氣候，爻象動靜云爾。」嗣至二十八日，藕船入座云：「前占胎產果生於今日巳時，但是一男，與所斷不合。」予曰：「可賀吾侄添丁。」其時張吉暉亦在座曰：「所斷頗有情理，今是生男，盍從錯看，兌錯艮，便是男。」予曰：「錯則均錯，未有錯兌，而不錯坤者。如并錯坤，則乾坤交錯之初，應是寅月。氣候到三爻，乾錯坤，則乾受艮於坤，其後賴坤以成艮。不是乾知大始，坤作成物之義乎？然交錯成兌，何嘗外此。未免因巳生一男，而始辨論其象耳。總之含女錯男，可為吾侄添丁志喜。」嗣至癸亥正月之初，此子不育。可見氣候應，而生與象謬，究不能為吉徵也。

學君平自釋：生育原看吉凶之交錯，此象三四五三爻，坤變乾，已是乾坤交錯。索而得兌，明呈於爻，闢而見兌，亦見於爻。務因生男而辨論錯體，究不知氣候流行，與化育男女。皆一氣也。所生之日合，而生女生男異，則能育不能育之機已兆矣。故辨論之後，惟以所喜添丁渾之矣。

觀物識盜借土掩金

壬戌年十月二十八丁未日，大雪節，一少年來曰：「我失落東西，可睄得出來？」予曰：「你聽得來再問，聽不來不必問。」其人曰：「願聽先生剖斷。」予曰：「我是卜易，必要卜得卦象，方能斷你的事。」其人曰：「請先生卜個失落東西的卦。」

得離卦䷝

予觀此象，乃兩離并麗，中含大過象坎，遂以手畫棹為圈曰：「你的東西，可是這樣一對圜的，中間空而外邊實的。」少年曰：「是甚物件？」予曰：「圜的，中空成對。可是耳圈，金的麼？」少年踴躍曰：「先生怎知？如果不錯，可能我得著。」予曰：「六爻俱靜，錯體是坎，坎為耳，為盜。拿此物者，雖由錯而得，乃對待體，從外而來，卻是你家中外人。好在象靜，是必將此物藏著。」少年曰：「藏在何處？」予曰：「中卦大過，坤土掩金，坤位西南，是藏在你屋內西南方，用土蓋著。正是圜物聖待於坎盜之手，不并麗於兩手之上，而借土掩覆於西南之方。」少年曰：「何為家中外人？」予曰：「是你家內親，從外而來。」少年曰：「唉，拿的人定是他了，如果找著，來謝先生。」嗣至十一月初四日，少年歡然而來曰：「前日失落金圈，我家中只有舅舅是外來的內人。我向他跟究，他才認了。向我屋內西南方，牆頭上，用一片瓦蓋著。如今得了，卜的不錯。」

學君平自釋：一失物耳，亦不能外交易。變易，觀象，三玩爻，中互之理。由中互斷以借土掩金，其情其理，可以探求而得，至來告以用瓦蓋著，其言實妙。何也？中互二陽屬乾，圓象，上下坤土，曾經火煉，不完之乾，非瓦礫乎。其形半圓，掩金圜於中，象中不已明呈乎？特未能推得到耳。

五位尊居忽驚解體

癸亥年十二月十七甲午日辛未時，立春，友人張吉暉占一卦，問癸亥年地方大局，持與參看。

乃大有䷍之剝䷖

張吉暉云：「一陽靜處於上，雖內四爻之金氣相逼，而一陽不與眾變，應有由剝而復之機。」予曰：「機者動之微，跡之先見者也。此象問地方大局，頗覺不妙，何也？大有之象曰『柔得尊位而上下應之』，不動則適符此象。今內四爻堅剛之氣，動而相凌，尊位改體，不得以一陽靜處於上觀也。奈卦象鳥張之勢不斂，轉有連類而動之機，既化陰氣，變成剝象。雖大有上九之象曰『自天佑之，吉無不利』，而剝之上九象曰『碩果不食，小人剝廬』。噫！既得大有，惡用變剝，茲當立春，流行之氣，尚在二爻。交雨水令，則流行到三爻，爻變之氣既周，正應上九剝位。惟望剝而不落，剝極得復則幸甚。」予因斯象，偶觸情懷，以撼庭竹填一雙調：

是文明喪於執戈，金氣逼陰多，本象縱柔得位呵。

顯呈個倒執太阿，變利氣候過，流年值奈何。

三陽開泰啟祥和，但願無謬訛，天官賜福共賡歌。

這戾氣可能銷磨，萬望無風波，動念阿彌陀。

學君平自釋：吉凶悔吝生乎動，當陽長陰消之時。忽變陽退陰進之象，感而興歌，亦一時無聊耳。故并存之。

長男中互即賀入門

甲子年九月二十六日甲子，霜降節，友人武國英飲茶分手時許，後急來求問六甲，所生男女。

得大畜卦䷙

予觀其象，即賀曰：「恭喜！入門見子，大小俱安。」渠欲復問，予曰：「回去照應。」後講與聽，武即轉歸，相隔兩個時辰復來曰：「何以語我入門見子？如果入門，即聞嬰兒之聲，問得是男兒，特來請教。」

予曰：「內乾，父也。外艮互震，長男也。艮，門庭也。急來詢問，是胎已動，迎其機而斷之。不必泥流行，只須觀本象，乃老陽即見少陽之義也。」

學君平自釋：論流行，查氣候，是未當生育之時。推衍受氣，推看生育，決不可外者也。若此占，即來問所生男女，卦已明呈，老父少子之象。只從艮為門，震動也，動履以入門，父已見子之機也。

應候而來長男攜還幼女

乙丑年九月初九辛未日，同住宋姓，有七八歲幼女，使去買餉午。晚飯時尚未歸家，遣人我尋不見，值予歸家云：「小女走失，請占一卦。」

得隨卦䷐

予觀之曰：「不須性急，上燈後，有一男子送來。」予飯後出街，定更歸家問之，尚未尋著。予入家中，有頃，聞其婦向屋內各處呼喚，予出笑曰：「又非失落雞犬，隨處叫喚。」語還未畢，聞有叩門者叫云：

「來領你家小姑娘。」宋姓開門，乃一壯年男子云：「你家姑娘，認不得回家，在馬市口泣哭。問明住處，特此送來。」其人遂去。

學君平自釋：此象內震長男，外兌幼女，女出於外，迷失大塗，震也。六爻俱靜，不能去遠，必待戌時與日流行相應。是以有長男攜還幼女之占，只從內外卦體，與流行相應觀之也。

至時斯革離火熔化兌金

甲子年正月初十壬子日，立春節，舒香谷云：「初十來稟，大理由楊振鵬打開，其事真麼？請占之。」

得既濟䷾之革䷰

予觀其象曰：「大奇！大奇！」香谷云：莫非真有其事？然亦不過除去一董，換來一曹耳。」予曰：「此象之奇，不在此。既濟內離為體，外坎為用，離火漸值旺，坎水不能剋。坎盜又化為兌口，將有貽笑於人，口實難彌之象。於今文明得相，木旺相生也。兌金氣絕，兌之為口，當有絕滅之機。然由既濟而之革，此中有多少變態、多少更張，須流行到坎。坎以險心欲濟於離，殊不知一動化兑，轉為離所革，方是離火熔化兑金之時，革之時義大矣哉。神明隱告，當不在斯時之耳聞，而在異日之眼見也。」

學君平自釋：因既濟以尋革之義，注定離火，以尋革之時，則當日所聞，不足為奇也。

見豕負塗分甘悅口

甲子年六月十一庚辰日，小暑節，一少年來曰失一生物，求占一卦。得睽䷥之履䷉

予觀此象，睽隔也。月流行在二爻，日流行在五爻，相應而變亢。且離化乾，目不相見，乃因睽之爻辭曰「見豕負塗」。予曰：「所失生物，是豬麼？」其人曰：「是。」予曰：「五位離目變乾金，值日流行，乃不相見之象。是豕負塗而不相見，離火邪灼有殺機。乾為金，離為戈兵，變履則三五互巽。巽為繩直，是豕負塗而為人繩系，有履虎尾之危。其中互坎為豕，豕負於坤方之塗，變巽入也。是入於西南方，急速尋之

可得。若過本日未時，則難覓矣。」劉勷廷在座曰：「所斷如是，究竟尋得否？」予曰：「五位離火陰邪變乾，是以云不見。外離變乾有殺機，內兌相承將悅口，中互巽喪坎豕之體。又木火相資，焉有不殺而烹之，以悅其口乎？」次日午後，其人復來曰：「昨日尋至西壩，豬已找著。因索謝太重，兩相爭競，將豬殺了，各分一半。」劉勷廷變在座曰：「易之為書，廣大悉備。」有是事即有是象，睽象豕負塗之辭，在上九。因五爻變而斷不見，斷分甘悅口，是參出離火灼金，而不泥於本文也。吾因豕引羊，連類參說，試畫大壯象以觀之，并及所斷，以偶其聯曰。

喪羊于易作則因心

大壯卦 ䷡

夫喪羊于易，乃六五爻辭。大壯中互兌乾，兌為羊，體具於中。何以喪言？予曰：「聖人觀象，最為得解。六五言羊，正是互兌之義。外卦震為大塗，易乃田畔之地，故于震以易言。本爻互兌羊，不曰得羊於易，而曰喪羊于易者。大壯四陽在下，至五爻則無陽，是失其壯矣，故曰喪羊于易。」聖人設卦觀象作則，其立言也，無非因物付物。此大壯六五喪羊于易之爻辭，正是因物付物，作則因心也。

學君平自釋：睽卦之占，因問生物，故以上六之見豕，會離化乾為不見。引大壯之喪羊，會大壯四陽至五為陰，故明互羊，而聖人以喪設其象也。

剝自姤成惡得不警

甲子年四月初二壬申日，一人問月將。

得剝卦䷖

予觀其象，極力勸曰：「茲當四月，是乾卦，乃得剝象。乾初一陰成姤陰進不已，以至於剝。剝由姤始，乃自初遇不正之候，將門庭內滿滿存蓄，消歸烏有。若再不警，必到手無分文之地而後止。」其人既去，旁一人曰：「我知此人好賭，家產房屋變賣幾盡。前日賣屋得銀七十兩，一夜輸完。如今是想翻轉舊物，故來問月將，所斷如見。」友人黃春帆曰：「如此斷法，實非術家所知。若按世應財官看法，世坐子孫生著旺財，有何不佳？今因象推理，確是其人實事，當為請教。」

學君平自釋：觀象之法不可泥。此占因剝推論乾象者，因彼問月將，乃就乾論剝，而得其明呈於象之理也。以乾象觀，不是滿滿堅物乎；以剝象論，不是因姤遇不正。以至於門庭皆空乎，外艮為門，又為手，非無稽之言也。

孚原信及定然遄行

甲子年四月初二壬申日，黃春帆見斷占不同，曰：「我駐省日久，尚無行期，請為一占。」

得中孚䷼之漸䷴

予曰：「中孚言信、領文事件，應有確信矣。又動出行程，二候之期，當為餞別，非初九即十二也。」春帆曰：「何以見得？」予曰：「初九己卯，十二壬午，皆應行期。」春帆曰：「藩署實收有信，所望者彌勒差人耳。」予曰：「若此則君之行程，定於此二日矣。」至十一日春帆已擬起程，不料差人有事，請假一天，春帆不許。予曰：「前日行期，十二方應，盍准差人請假，次日起行？」春帆遂允。

學君平自釋：中孚言信、為巽命而說。動出行程，為鴻漸而說。四月流行在上爻，卜日流行在三爻，之卦漸遠行也。三爻動須過兩候之期，故初九到四爻，應行尚不能行。十二應巽行之期，乃十一便要行，竟為差人所阻，則知流行之不可不講也。

學君平卜易存驗之卷上終

學君平卜易存驗之卷下

斗雞走狗也來勞神

甲子年五月辛亥日，一人問曰：「我走失一狗，可能問得？」曰：「可。」

得賁䷕之大畜䷙

此象外艮為狗為門，內離應外卦之門，錯坎為隱伏。變乾為健，乃健入外人之門，隱而不露，不能得矣。此占方畢，一人曰：「代我看看財氣。」

得小畜䷈之大畜䷙

此財有散象，入人之手矣，未見得佳。其人曰：「我是與人對注斗雞。」予曰：「外巽為雞為財，散其體而入艮手，焉有得財能勝之理乎。」其人去，不覺笑曰：「問狗問雞，不離小畜大畜。畜物雖各有象，奈此類斗雞走狗之事，也來勞神乎。」

學君平自釋：物皆有象，吉凶悔吝。即寓於動靜之中，兩占都不待觀流行。問狗者內離含邪氣，故入人之門而不見，以離錯坎之隱伏也。問雞者巽木之財既散，可必其入人之手矣。

瞻云望雨不可忽象

壬戌年五月辛亥日，楊玉峰曰：「於今五月，農人望澤孔亟，可占得麼？」予曰：「瞻云望雨，有象可徵，但識見甚淺，焉能知得天事？」玉峰曰：「何妨一卜。」

得履䷉之臨䷒

予曰：「此象大佳，有同履天澤，共臨地澤之象。但澤上於地，尚慮其多耳。然此時天地流行之氣未交，迨十七日始交。爻變氣過，地氣升而天氣降，三爻變，應二候之外，方能傾盆大至也。」玉峰曰：「何為二候？」予曰：「一候五日，三爻變，須待十日後，方是天澤敷、地澤遍的氣象。」楊玉峰曰：「如此說來，雖然遲些，還是夏至節令。」後至二十三日，大雨方降。

學君平自釋：問雨而得天澤地澤之卦，神之告人不爽矣。只為流行氣侯，尚未相應，故必六爻既周。天氣地氣相應，斯能沛然而下焉。

渾言相生不詳體用

張吉暉云：「前日兩占都已應了，可曾存驗。一是李姓問伊舅赴鎮雄守備任凶信，乃五月己酉日占。」

得噬嗑卦䷔

斷以木火相生，雖有驚恐，雷電交作，不過一時耳。前日曾云「卜得此象，是甥問舅凶信真偽」，彼時但云「相生無妨」，未曾明言體用。若按體用說來，震木為體，離火為用。以甥問舅，當以木為體，火為用。五月震木，正值死令，且噬嗑乃雷電交作，有迅雷不及掩耳之象。又離為戈兵，洩五月枯木之氣，焉得而有生理。日流行在四爻，與初相亢。初爻為震之本位，既值其亢，焉得而有生趣。吉暉曰：「昨晚遇一人，自昭通來，問其事果真矣。」予曰：「斷占一道，有不必言者，有不宜言者，有不可言者，此正是不必言者。他既有信，吉凶已明擺著，早遲自知。故渾言相生，以寬其心。況卜之道，非必要盡情宣出，方見應驗。

然玩占者，又不可不詳體用。若體用不明，何必代人卜筮，觀易以識氣候乎。」

學君平自釋：生旺休衰，體用貞悔。若茫茫不識，而僅就木火相生說，則毫無意味矣。然知之真，見之確，必盡情說出。或事關名分，數言可止非禮之思。咎在行為，片詞可開循理之路，則愷切詳明，以遏其妄念。若事關重大，有不可言者，則旁敲側擊以喻之。事屬暗昧，有不宜言者，則引今據古以諷之。若此占也，彼家中人聞得凶信，遣人來占，實圖萬一之幸。故渾言相生，以寬其懷。若以語張吉暉者，恐悲痛之際，又生他事也。

泛論無咎未發止行

吉暉又曰：「一是四月丁酉日，小滿令。宋姓占病。」

得艮䷳之蒙䷃

當時批云：「艮象有成終成始之義，時止則止之機。四月火旺，艮土被灼，火炎土燥，水不能潤。其病乃燥結不通，中腹脹滿不利之症。

艮為胃脘，不惟飲食無味，已是飲食不進矣。」宋姓云：「是徐中丞患痢疾，可能好否？」復批云：「中腹由燥結而不利，內艮變坎為蒙，乃止於險，必須解其燥結。二十九日，流行到上爻，是殆可愈矣。」宋姓又云：「此公關系地方，可真能好？」答曰：「能好無咎。二十九日，即是好的日子了。」如今回思所批，句句含著不好的話，當時何不直言。予曰：「前日已明批矣，何待直言，但是泛泛答以無咎，未曾發明艮象止行之所以然耳。」夫艮有止行終始之象，須看時之當不當耳。當春之交，由坎曆艮，方能轉艮到離，順暢其機，成終而成始也。四月火旺，一片燥烈，乃枯焦之象。況動出坎來，是由艮而坎，乃有終無始。時止則止之時，彼以泛然卜之，我以泛然應之，何須發明，況又在不宜言之類。如不可言，不宜言，更有甚於此者。或事關君國，情屬暗昧，雖見得到，亦只宜渾言耳。況易之為書，聖人亹垂訓，所系吉凶悔吝，皆示人以遷善改過之道，非語人以神妙莫測之功也。孔子云：「成事不說，遂事不諫，既往不咎。」處事且然，況卜乎？

學君平自釋：卜以明吉凶得失之機，邪正公私之理，其辨論言不言者。非此兩卦之實不可言，亦默會夫言不盡意耳。

火旺木消頭暈心慌足亦萎

乙丑年又五月廿三日丙戌，小暑節，劉襄廷在學館中，有羅姓占妻病。

得噬嗑䷔之豫䷏

斷曰：「驚從虛而入也，是虛火不降，真水不升。心多焦燥，血為元黃，乃血不養肝。氣不行血症，秋冬猶可，春夏不宜，未月非佳，午後稍定。細查全體，離火燄烈而衝天，定是心慌頭更暈。震木陽消而萎地，可知足軟步虛飄。所患者，中互之坎水，不濟而不相生。所喜者，化出之坤土，得氣而復得令，但心家有怔忡之驚，宜安神而定魄。脾土受衰木之制，當養胃以滋陰。滋水而平火，方能既濟，引火而歸源，自有降升。若腹中之鬱結化，則頭足疵累消矣。」予覽畢曰：「斷病之源，勝於診脈。觀象之妙，純乎知時。其講衡天萎地，得三才定位之真機。若在不知象、不識位，不明消息者觀之，將謂斷法頗佳。而究不知上卦離火，爻在天位，無水以濟，所以烈燄衝天。下卦震木，爻在地位，入墓無氣，所以陽消萎地。且離心也，震足也，心慌頭暈，足軟步飄，字字皆有著落。」

學君平釋：此象再將體用參觀，則見枯木助本體之虛火，旺土洩本體之君火，非大用滋水之藥，未見其佳。

陽陷陰凌權奪燄逞戈欲操

乙丑年八月廿二甲寅日，一人求劉勷廷占婚姻。

得晉䷢之睽䷥

勷廷斷曰：「此象乃已定之乾坤，忽變出睽隔之夫婦來，危哉！危哉！正位乎外者，不惟中虛，而元陽已消。來位乎內者，不但體旺，而秉賦尤乖烈。且上之乾一陰麗內，已有現在之中饋，何取乎占？然下之坤，二陽纏身，必是不貞之少女，何待乎問？陽不宜再求婚媾，陰早欲速遂坎離。豈知卦中一片陰氣，陽體陷於二陰，男身火灼而氣微，陰體押乎一陽。女性金剛而嘴硬，誠恐陽為陰凌。在上之中女，僅虛為逞燄；

在下之少女，已實欲奪權。此相剋而彼相制，將見同室操戈，怒吼之聲不息。爾問婚姻，可願有此定後轉睽之婚姻哉？依予看來，與其欲遂所私。莫若靜安其室。迨至霜降今後，陰順陽從，尚可望其胎息孕育。倘縱欲敗度，則行險而成徼幸之事，未有不既濟而睽離者矣。慎之！慎之！勿謂一卜無妨耳。」其人曰：「先生知我欲娶妾乎？我原說成一婦，初八過門，今承指教，不敢娶矣。」予看畢曰：「體用分明，性情洞見，占者能立絕妄念，卜之益人大矣。」置之羅橫溪先生《易案》中，無分伯仲矣。

學君平自釋：斷占一事，最要見理明，審機決，觀象透徹。易乃一陰一陽之道，於婚姻愈易見矣。

化去憂心門內已順

乙丑年八月十八庚戌日，一人問月將。

得師䷆之坤䷁

予曰：「爾何一片憂心，蓄結於內，自今日始，已化而得順，是憂象將轉成樂象矣。」其人曰：「今日已前何如？」予曰：「明日交九月，昨日乃八月。至於八月有凶，得免喪亡為幸。」其人曰：「因喪一子，心中憂疑，故來求問。」予曰：「化去憂心，此後門內俱順，此是從內坎已化，上應五爻月流行成比，乃爻變換體，且知來者逆，又從綜看耳。」

學君平自釋：由憂化順，明而易見。惟認定問月將，因他今日已前之問，故以至於八月有凶斷之，并以一陽消化觀之也。

平將虛熱子息可探

乙丑年八月二十四日丙辰日，一少年問病。

得蹇䷦之既濟䷾

予觀之曰：「此象系真火不足，已立家室否？」其人曰：「已有家室。」予曰：「須禁房事，以還真火，五月後，病可愈。由此慎至百日後，交丑月可許有喜。」少年曰：「先生何以見此？」予曰：「爾病可是有時虛熱，熱後手有微汗，汗後微怯寒否？」其人曰：「果然若是。」

予曰：「此少年不慎所致，此後當聽我所囑為妥。」

學君平自釋：此從火氣已消之時，又因離火尚水聚而言。復探得初爻還一陽，離火仍聚，定其流行到五爻之感應耳。

比得其人樂而往

乙丑年八月二十四丙辰日，一人問出門。

得觀䷓之比䷇

予觀其象曰：「風行地上，其利西南；行而相比，樂得其人；出行財氣俱佳。」問者曰：「我欲往川，適有約我同事者，宜否？」予曰：「財還得他人之力，業已入手，正是比之得人矣，何必多疑。」

學君平自釋：此注定流行以斷之也，八月流行到四爻，應行。內坤為西南，外變坎為財，中互艮，值流行，為入手，無一題外文字也。

水開其庫資之深

乙丑年七月十四丙子日，王耀南問水。

得既濟䷾

予曰：「問何水？」王曰：「開龍潭。」予曰：「適得既濟之象，其謀已定。查日流行天一之水，已生於下，而上應天心。天澤之流，明呈於上，而下滋地脈。擇辰日興工，自然資之深，而普濟無疆矣。」王曰：「何日可興工？」予曰：「十八庚辰日即佳。」嗣至八月，有該村鄉老，來擇嫁娶日。言及請王老太爺，到伊村挖龍潭，十八日興工，本月告竣，得水五車，溉田不少。

學君平自釋：從流行上，推求開口所云之水，由象察流行，尋得天一之水。認定天澤下濟，取一水庫日以興工。即聞得水五車，亦可以濟就近之田矣。

險陷難防憂含滿腹何以順

乙丑年十二月初一壬辰日，小寒節，一人問用人。

得師卦䷆

予曰：「比樂而師憂，所用之人，內藏險心，以致爾憂含滿腹。是必去此險心，方能見順，其人決不可用。」卜者曰：「我原疑他，心中煩悶。」予曰：「險心在內，不能無疑，是以云去此方順，決不可用也。」卜者再求一卜。

得升卦䷭

予觀其象曰：「體相用順，此象頗佳。」卜者曰：「如云象佳，殆是不去其人亦可。」予曰：「佳處不為斯人，仍問斯人。還是要去其陰，方能得泰。大凡觀象，須參變動，如無變爻，正是要變動不居看去，方能闔合流行氣候。如此時是二陽之月，陽漸長，而三陽有開泰之機。初爻及陰，便失其宜，況用人而陰險難防於內乎？必去陰復陽，斯有履泰之象。所以云去其陰，然後得泰，是此人斷不可用也。」其人稱謝而去。時有世叔在座曰：「異哉！既以升卦斷為體相用順有其機，何又從泰卦說來，將外開本卦乎？」予曰：「言體用，論升卦也；言得泰，參變化也。觀象而不察氣候、參陰陽，何由得變而通之以盡利之義乎？夫觀象於陰陽以立卦，發揮於剛柔而生爻。象也者，像此者也；爻也者，傚此者也。觀象觀爻，辨是與非；立卦生爻，察來占往。原非可外乎本象本爻，又不可泥乎此象此爻。聖人繫辭，所以云變動不居，周流六虛。如此人先占師卦，問用人，小流行值二爻，所以說他憂含滿腹。坎為心多憂，坤為腹，由卦象斷之耳。既云去險而後順，參變化也。去坎中之一陽，則成坤順也。彼復占得升，本是體相用順，彼云是不去此人亦可，正見其心多疑。因以一陰在內，不能得泰，故云去其陰險。而後能泰，此仍是由初問用人。審其機，觀其變耳，非妄作數衍以欺人，而先自欺也。」

學君平自釋：此象之辨駁，全得旁人謂「外開本卦」一語。然所見觀象之用，有機有理有數也。

戈兵相向屍橫偏野兆其機

丁卯年九月二十七丁丑日，霜降令，王耀南云：「聞西匪有來省之事，未知吉凶如何？請占之。」

得離卦䷝

予觀斯象，兩離并麗，而非其時，是戈兵也。二五同情，而承其候，是來往也。中互大過，有外悅而行，內行而悅之機。是懷險心者，有同情相應之象，應之曰：「必來！必來！」王曰：「何以知其來？」予曰：「由象知其來。」王曰：「來還了得？」予曰：「來了則屍橫偏野。」王曰：「這還了得！」予曰：「不到屍橫偏野的時候，不能見太平。」王曰：「君與我戲言乎？我是有人探得匪情，微聞其風，心中憂慮得十二分，故來占問。若是如此，闔城俱休矣。」予曰：「我只說偏野，未曾言偏城。此象兩離皆靜，乃闔城安康之象。不過中互大坎，人人驚疑，人人憂心。然天心與地心相應，位有堅定之心，靜聽天命，坐安地脈。過得此戈兵之後，便是文明大啟之時矣。」王耀南曰：「此何說也？」予曰：「離之象辭曰『離，麗也。日月麗乎天，百穀草木麗乎土，重明以麗乎正，乃化成天下。柔麗乎中正，故亨』，此就離之本象言之。逮當其時之後，自然是文明大啟矣。若斯時也，文明入墓，二五同情，當從所問之類觀之，一呼一應，欲逞戈兵。」王曰：「又何說也？」予曰：「聖人設象，有為甲胄、為戈兵之說。是離火旺則文明，弱則戈兵也，即離之戈兵以觀之。二之離與五之離同情，焉有不一呼一應？以逞戈兵者乎？吾人困處圍城，值三四之爻位，其多凶多懼之情，究不能免耳。所信者，天地之心，默默相佑。」王曰：「若當其時，只有賴天地相阿護矣。所謂屍橫偏野，此語從未聞於各卜數之書，君何以妄造驚人之語？」予曰：「聖人設卦、觀象、繫辭，亦未有取諸他說，以為斯象之說。如重門擊柝，以待暴客，豈亦驚人之語？金車玉鉉，豈亦誇張之詞？要不過因象立說耳。此象之所謂屍橫偏野者，中互大過，中二爻為人，無氣則屍耳。上下皆坤，故為地。離為城廓，在城廓以外，故為野。臥於地者皆屍，故曰偏野。此誠注目而得，信口而言，恰成其象耳。」王曰：「吾持此稿，將與夙昔專講數學者觀之。」予曰：「不必。」此觀象之法，吾惟得諸羅橫溪先生。與君談論，今已數年，亦略得其概。予每與善卜文王課、善卜六壬課、善卜梅花數者，坐而論之，每多不信，是以云不必。嗣至戊辰正月，西匪大至，危如壘卵，而民心俱靜，只切憂懼。而能堅守，正見中二兩爻。驗之於人事，則皆一心堅定。迨己巳年八月，賊勢瓦解。而楊三賊與杜逆，暗地勾通之情，亦合盤托出。旋而楊賊竄巢，杜逆跕距，一并克復。庚午年鄉科補行，文明大啟，是亦斯象之暗過明生。由是而通省氛靖，年景咸和，不亦離麗乎中正故亨，之後效乎？

學君平自釋：有是事乃有是象。大而天地萬物，小而一芥一粒，無不有象。當就所占者之語氣，認題為要，而因象論象，斯無泛設。

一錯便得之占圜形已散

乙丑年三月二十一丙辰日，一人曰：「我點錢與人，錯著兩串，不知錯在那面？」

得兌卦䷹

斷曰：「錯在外面，已入人手，損其圜物矣。」問者既去。劉勷廷曰：「何以知錯在外面？」予笑曰：「此將錯就錯之斷法。彼來問錯，其人立於外，我即錯外卦以看。兌體中互離，乃圜物，圜物即錢也。一錯則圜體已散，外兌錯艮為手，上艮下兌為損，是損其圜物。而資人之用。他問錯誤，我觀錯綜，而又不內外俱錯者。他問那面，我故以錯在外者應之，所謂將錯就錯。此小事，不過隨機而應之耳。」勷廷曰：「無機不可以觀象，知數然後可言理。機者理數之先發，理者機數之定論，數者機理之貫通。若舍此而但云財受剋、爻相衝，又何關於易象毫末哉？」

學君平自釋：前觀六甲，曾云「錯則均錯」，是探消息於交錯之定論，此不過迎機而道也。

五行俱備之物盜手突攜

庚午年四月十四庚戌日，一人問失物，可尋得著。

得中孚䷼之節䷻

予觀此象，上巽下兌，中空，有火，有金，有木，有土。外巽化坎亦有水，而盜值日流行，乃曰：「此物五行俱備，奈盜值流行，伸手攜去，不能尋矣。」劉勷廷在座曰：「可是煙盒？」予曰：「煙盒雖空，象卦之形，卻不能五行俱備。」其人曰：「是二馬車煙袋。」予曰：「妙哉！此方是五行俱備。若僅水煙袋，而非二馬車，亦不能是五行俱備。何也？中孚中空，象離為火，上巽為木，下兌為金，巽化坎為水，中含坤為土，二馬車之形，金體，空中，注水，套木，盛煙土，非五行俱備之物乎？奈上爻變坎而為盜，中互艮為手，日流行正值盜手，有不伸手攜去中空之物乎？」劉勸廷曰：「一小事之卜，而費如許之觀玩，其為卜不亦勞乎？」予曰：「觀象玩爻，尋流行，分體用，一眼注定，機理數即在其中。不勞神，何以得知？謂勞神，將毋自廢，君之領會，已是得機得趣矣，幸毋惜其勞也。」劉勸廷曰：「予之言，正要使觀象者，勞心勞神以求之耳。」

學君平自釋：此占有體有用，有象有形，而察得失，觀變動，亦在其中焉。

頂圓唇兜其如有質無氣

乙丑年三月二十四己未日，張吉暉有早年買下陰地一塊，物為卜之。

得頤䷚之益䷩

是日執此象，與劉勸廷、武國英共會於座，彼此參觀。武國英曰：「看此象，其地是艮龍轉卯，頗佳。」予曰：「我只四字相參，有質無氣。」彼時三友相約登山，欣然而去。予將此象，復看一番遂批云：武國英看艮龍轉卯，頗得觀山於象之妙。予惟曰：「有質無氣者。」上爻為來龍之山，坐艮開局，其穴最佳。五爻老陰化陽轉巽，局轉之轉處，氣必斜行，亦有可用。以日流行正應五爻陰變也，查小流行當清明二候之半，流行之氣，將到未到五爻之間。是所卜之地，尚在其下，其地已平衍無氣，雖山環沙抱，不為所卜之地而成局。氣行而微，乃四三二諸爻合坤，多屬陰氣。初爻下陽，前面遠峰圓滿，唇氣亦復兜圓。上爻一陽，來龍頗稱豐厚。此象體木用土，木氣退而土氣微。所以定其為有局無氣也。雖後龍含發育之用，其如本地無生育之機，以氣候，定卦位，審卦情，諒不甚差矣。三友當晚歸來，都云頗合。當時因卜地觀象，而并為一說，附其說於左。

乾坤為陰陽之發見，震巽代父母以行權，坎離得天地之中，艮兌通山澤之氣。地理形勢，起伏不離八卦。龍穴真偽，氣候可探一陽。要之觀象玩爻，可定登山尋龍之去就。探消察息，半得定穴理氣之從違。然誠意以求，先毋自欺；格物之理，不可妄援。理之所在，氣之所發，而實由數之所推也。地理也，物理也；爻象也，山向也。求地壽穴者，盍讀天尊地卑一章之繫辭，則思過半矣。劉勳廷曰：「論地理而參天時，觀爻象而知山向。」孰得謂天地間之有形無形者，能外易以盡其蘊乎？

學君平自釋：由爻象推山向，察氣脈推流行，雖不可為定論，亦可以見大局也，是以古之人有卜地之事。

形園質小那識已賣復還

庚午年三月十一丁丑日，王耀南坐於卜案，武國英戲抽一簽曰：「請老先生看我今日生意如何？」

得小畜䷈之需䷄

王耀南拍案斷曰：「你賣了個烏銅煙盒。」武國英曰：「是過我攤前見了麼？」王曰：「我何嘗見。」予見列象，又聽所斷曰：「賣去形園中空小物，明呈於象。據我看是得銀五錢，然要生口舌。」武曰：「何如？」予曰：「巽數五，其象已散，變為疑心。二五流行相亢，定然持物來還，將銀退去。」可是，武笑曰：「果是五錢，賣去烏銅煙盒一個。

其人將煙盒擲於袋中，偶然取出，已磨紅了，急時來還。爭衡多時，還銀方去。不意偶與王耀翁相戲，竟亦知形矣。」

學君平自釋：王耀南時息晤坐談象，非止一日。觸機而得，亦不能外。可知此事，乃物理人情之常，非術數家之矜奇也。

修德行仁荷天之寵為正

劉勷廷由鄉館歸來，來攜一斷占，乃乙丑年十月三十辛酉日，大雪節，一童子持一帖，上寫「納寵可成」，祈為批示。

得隨䷐之訟䷅

斷曰：「此破體之寵也，何必納哉？雖外之少女，有從陽之舉，而內之長男，見動疑之心。內陽動於外，悅於女者，是將進而滋疑。外陰來於內，從其男者，口既許而行健。流行既到，此事必成。來往有情，周折忽費。以其陰陽失位，顛倒非常，縱澤雷示動悅之機。山風含女歸之象，而天水寓違行之警，家人呈渙散之情。若非一坤灼目於中，定是有子，攜來入內，儻有子也，切不可納。異日灼目者既致睽違，攜來者即起訟端。若還無子，納後即孕，然終亦構訟之因也。夫人生斯世，但能清心寡欲。修德行仁，則荷天之寵，斯為正矣，奚必納寵。」予曰：「不但觀象透澈，并將納寵者之弊，亦看得透澈。開首一句，便是一針見血。是為納寵者玩占，實是為納寵者作勸文也。」

學君平自釋：一象而體用動靜，來往性情，卦位卦變，參伍錯綜，氣候流行，以及交感受孕，無不細推，而聯貫之矣。

探消得息應地無疆有機

乙丑年十一月初五丙寅日，冬至令，舒香谷來曰：「茲有一事，楊賊挑杜逆之畔，關系大局。」予曰：「初交冬至，一陽方復，正可以占人事，而觀天時也。」

得坤䷁之坎䷜

予觀其象，乃援筆批曰：「妙哉坤地，順以作成；六陰成象，兩陽來中。坎戒盈而重險自啟，坤作成而陽復中呈。陽不復於初，而復於二五。當來復時，則天地成化於有心。坎多險於內，而險連上下。置天地位，則陰陽觀變於列象。卦兼三才，天地人定位不爽。卦重六畫，陰變含陽，早已著剛健中正之象，而險者徒形其險，險而無為。若以六爻卦論，則中二人位，人位居靜成順，已可必應地無疆之機。而麗者已聚而麗，麗而得正。且二為下位，下位有堅忍之心，險動而止。五為上位，上位有堅定之志，險止難動。卦情卦性，卦位卦爻，不離時，一卜備含其用。卦理卦數，卦氣卦機，審其候，六爻默寓其機。又況年月日流行，值初二三爻之位，因流行而錯內卦。內錯乾，則履泰有期，覘爻變則成坎。內錯離，則既濟已定。大凡天地氣運，陰陽流行，既盈者消而虛。既息者長而盛，但觀坤成坎象，是水盈而消不久也。坎中互頤象離，是火息而盛可知也。盛衰之理，升降之氣；進退之數，理氣數三字。無不明呈於此象矣，坎之時義大矣哉。大局如此，險著而亹自啟焉。正可以靜待其時，默觀其機矣。寫畢後，口占四言；事在言中，機流象外；驕慢而盈，否者將泰。」舒香谷細看多時曰：「我知之矣。」攜去存驗。劉勷廷在座，復將存稿細閱曰：「此不但斷事渾含，而觀象法門，一批已備矣。」

學君平自釋：觀象由問事而發其機。此問關系大局，則天地人物之義，俱含於中；吉凶悔吝之機，亦辨於中。故以大局為體，以挑釁為用。而兩動爻之邪正得失，俱在其中，其錯泰錯既濟，都由流行所到，非無因而任意言之也。

學君平卜易存驗之卷下終

祝詞

奉請伏羲、神農夏禹、周易文王、周公、孔子五大聖人某年某月某日某旬某將當權，乾坎六丁神，陰陽卦有靈，吉凶通大道，切莫誤占人。某姓虔誠對天買卦，奉請天地雷風水火山澤八卦大神、排卦童子、掌卦仙郎、年月日時四值功曹、虛空過往神祇、六甲六丁神將，卦中先聖、爻中先師鬼谷先師、袁天罡先師、李淳風先師、諸葛孔明先師、青田劉伯溫先師，八八六十四卦內占一卦，三百六十四爻內賜六爻。爻爻有聰，卦卦有靈；人有誠心，課有靈應；陰陽有准，禍福無差。八卦變通天地妙，六爻搜出鬼神機。

奉請伏羲、大禹、文王、周公、孔子五大聖人，衛道七十二賢、濂溪周先生、明道伊川二程先生、晦庵朱先生、康節邵先生、鬼谷王先生、天罡袁先生、淳風李先生、孫臏先生，列位大聖大賢先生，凡有翼我卦者，共降虛空，六丁六甲神將、年月日時四值功曹、排卦童子、成卦童郎、虛空過往一切聖賢、本境英烈神祇、里土正神、本家祝奉香火土地福德正神，開此寶香，願賜降臨，再占再靈，再求再應。

伏以靈龜三叩，有讚神明，道合乾坤，包涵萬象。卦者，天地合其德，日月合其明，四時合其序，鬼神合其吉凶。皇天普司，靈卦有感。今於某年某月某日某旬某神將當權，禱告於伏羲、大禹、文王、周公、孔子五大聖人、六丁六甲神將、年月日時四值功曹、排卦童子、拋卦童郎，六甲六丁神，文王課有靈；吉凶通大道，切莫誤來人。某姓虔誠，對天禱告：八八六十四卦，內占一卦；三百六十四爻，內賜六爻。爻不亂動，卦不亂占；來意至誠，無不感應；香煙未散，神靈未回；再求有準，再覆有靈；爻象感通，吉凶報應。

管公明十三篇

題魏平原管輅公明　撰

明佚名　撰著
青海劉長海　校訂
東海寧波李鏘濤　校閱

天時

要知天時晴雨陰，細查（校按：陳本作將）父母財位尋。
子為太陽父為雨，兄弟風霧乍（校按：陳本作作）露雲。
財旺父衰雨難至，父旺財空久不晴。

凡占天時晴雨，須看文書、子孫、財爻為用。父母為雨為雪，官鬼為雷電閃，兄弟為風雲霧露，子孫為太陽，主晴日。看財爻為用，論五行六神同推。且如金水文書，雨必傾盆，又加兄弟發動，風雨綿綿。如子孫亦動，無財，雖有太陽之光，亦不能久晴。雖晴而亦有陰雨，須得財爻剋制文書，當推晴日。父旺財衰，終非久遠（校按：陳本作終晴不久）。凡卦官鬼發動，先雷而後雨。若文書臨空，有雷無雨。又加白虎同宮，霹靂傷人。官動須用文書，父動兄亦動，自然風雨交加。官動文書不動，亦主大雨淋漓。

卦有年月日時之分，且如久雨，當看財爻，值時必晴。父旺財衰，雖晴不晴，須用子孫發動。或財爻亦動，財爻雖衰，值日（校按：陳本作時）必晴。兄弟亦動，先風後雨。文書投墓，久雨問晴，衝日必晴。久晴問雨，先看文書，墓方起發。或有官爻發動，看官爻之方。或有文書生合之方雨來。子孫又為萬物，官動父動，有子無財，坎宮加白虎，必有水鬼傷殺萬物。螣蛇亦動，防有泛洪之患。凡卦用爻發動，細觀六神八卦同推。

地理

如問風水宜世旺，世為主穴看明堂。

青龍子孫生世位，定然後代必榮昌。

凡占風水，先觀世爻，後看青龍、白虎、明堂，六神與六親同推。世為主穴，青龍為來龍，又為左沙，白虎為右沙。應為案山朝向，螣蛇為氣脈，玄武為水法靠山，朱雀為明堂，亦為案山。得一爻無衝無剋，決主大利。有一爻動來剋世，以煞方為用，宜避之為吉。或陽宮化為陰宮，陽爻化為陰爻，其地先陽而後陰，或官化官，或有伏鬼發動，地必還魂。雖卦六衝，非為凶兆。未成問卜，不可言凶而斷，將不成而推，凡卦六合亦凶。六衝有吉無衝破，六神得地，六親全備，亦有大地。但六衝之卦，六親無損，六神相生，豈非吉地？六合之卦，亦有衝有破，雖吉而不吉。空衝逢生遇合，雖凶而不凶。其地六衝有四斷，或有難成，或因地運來遲，或有被人阻滯，或有傍人暗損，非六衝不吉之理。凡卦一爻不宜衝傷（校按：陳本作凡占卦不宜衝傷），一爻不可空亡，且如官鬼為骸骨，不宜衝剋。世為主穴，父母為樞，兄弟為藏風聚氣，子孫血脈，財爻為地土，官鬼為屍骨，豈可逢衝？得一爻無損，決主大利。六神之論，青龍生世，來龍有情，左沙相合，白虎生世，右沙相顧，朱雀長生，朝案山決主有情。玄武生合世爻，又加長生，水傷其穴。勾陳作巒頭理氣，又為高墩。青龍貴人長生，十里來龍，財丁兩旺，富貴綿綿矣。六神斷各房之興衰。凡主穴臨水火之爻，其地運來遲，金木以次，惟土爻緩來。水火逢衝加玄武，恐見泛洪。螣蛇相衝土位，二爻逢衝，自然水走沙飛，必為凶兆。卦動來生世為吉，剋世為凶。

年時

卜年時之盛衰，先觀妻財子孫。生扶遇之為利，兄官發動為忌。

凡卜年時，所喜財爻、子孫、日辰旺相生扶，其年大熟。兄弟發動無子孫，萬無收穫。官鬼發動，玄武同宮，此年多傷穀食，荒亂人離。木官木兄發動，主狂風猛蟲侵稻。土官主瘟疫多災，水官定多水災。火官白虎臨官，多生災疾。玄武必主盜賊，螣蛇怪異非常。臨火爻官鬼，是年恐遭亢旱。文書亦不宜發動，多傷萬物。財子旺相剋官，文書安靜，是歲五穀俱全。爻中六神六親同斷。子財兩旺，可知國泰民安。河清海宴，全憑爻象興隆。親宮本國之主，喜宜旺相。五爻天子之位，最忌空鄉。太歲作天子，喜遇青龍。子孫月建為后妃，喜臨財位同宮。日辰論東宮，不宜官煞逢衝。初爻作黎民，怕逢兄鬼交重。三四遇福神旺相，賢士多而佞臣少。

國朝

卜國時（校按：陳本作是），先看太歲日月五爻，次察日月之興衰。太歲為君，五爻同斷。喜遇財子，忌逢兄鬼。喜逢旺相，所嫌旬空。初爻庶民，忌五爻、太歲剋制，兄弟民有饑寒（校按：陳本作色）。五爻太歲發動逢衝，有剋初爻，君不安，民不寧。初爻之內，五爻太歲，或玄武、咸池衝剋，相合財爻，多逢酒色昏迷。遇長生、貴人、文昌，亦主君明。五爻太歲，臨兄發動，恐遭后妃之剋。父動無制，恐傷東宮。有一爻衝剋旬空，以凶斷之。

征戰

如問征戰伐寇，當推官爻子孫。官為賊寇，不宜旺相生扶。子作將帥，喜臨長生、日月。官鬼如臨太歲，賊勢倡狂。子孫發動傷官，最忌財爻興旺（校按：陳本作旺相）。欲知戰敵之高下，辨世應之生剋。應旺他強我弱，世剋應爻，彼弱我強，而他（校按：陳本作賊）必敗矣。官為賊寇，子為將，兄為兵，財為糧，父為衣甲，兼作城池，並論參謀，不宜衝剋旬空。世為占主，遇長生子孫，兵多良將。應臨日破，雖盛而虛空。世剋應，他寡我多。應剋世，彼眾我寡應。應官投墓，賊兵退避。世投墓，我無戀戰之心。

應臨文書長生，財有機謀。世臨子孫無生合，兵微將少。卦內無財糧不足，兄父臨空兵甲微。土爻臨官宜早戰，金水子孫喜水戰（校按：陳本作征）。要知強弱，須看爻中生剋；欲知多寡，察其動靜生旺興衰。

避難

人生離亂，難逃易卦之中。推其吉凶，不離六親生剋。

賊寇倡狂，最忌官爻旺相。福神當權，可知四海清寧。

凡卜（校按：陳本作占）避亂，須看官爻。卦中官爻疊見，自然賊勢倡狂。卦中有真官剋世，或有父母、官鬼，或有兄弟、官鬼，或有子孫、官鬼，兄弟持世，此為真官。鬼兄變子，子變兄，為官兵劫奪。兄變官，官變兄，沿村擄掠。官變子孫，半路官兵阻隔。官變文書，賊寇滿城出入。官化財爻，去而復來。財化官爻，被人拘連而來，或因婦女而起。又加玄武、咸池，兄弟衝剋財爻，婦女多遭淫亂。子孫為官，民人為寇。兄為官鬼，多傷財帛。父母官鬼，亂於城池。卦中官鬼有三，或亂於城池，或亂於鄉村。卦有世爻坐宮剋世，即本鄉人為寇，宜避遠方。世坐外宮受剋，速宜還鄉。卦中有內外之分，或在家不寧，或出外被劫。官化父爻，為官剋世，不宜城池。兄變官爻，兄子為官，遠避鄉村，或有本方所害，或道路遭殃，或彼地所害。福神臨於外爻，即外方所利，反來剋世，亦非為吉，反遭官兵之累。官爻生世，遇之為吉。凶神生世亦吉，福神剋世亦凶。官鬼生世，遇賊為善。福神剋世，雖善為禍。賊寇有善良，官兵亦有惡殺，故有民人為賊，亦有官兵為寇。五爻剋世，忌于道路。六爻剋世，不宜遠行。三四爻剋世，門前必遇。乾兌二宮，或乾兌二卦，不宜庵廟寺觀。乾宮青龍為寺，朱雀為廟為觀，兌宮青龍為庵，兌艮二宮為涼亭。文書剋身傷世，忌城池屋宅。艮宮木土之爻，忌入山林。震宮木爻，忌林樹。巽宮木爻，忌花園竹林。離宮火土，忌于陸路。坎宮水，忌舟船之路。貴人官爻，剋世傷財，忌貴宅衙門。青龍為父官，白虎為武官，各有所忌。水火遇兄官發動，須防水火之災。凡遇何方，喜生世剋官為吉，忌官方剋方為凶。內宮本卦，生世剋官，在家則安。外卦他宮，剋世生官，遠行反凶。要知吉凶八卦，六神六親同推。

捕獲

捕盜獲賊，須用福神官爻。如占覓賊，當論世應推詳。
子為捕盜之人，最宜旺相。官為賊盜之流，喜衝喜剋。
應剋世爻，賊雖擒獲而必被脫逃。
世傷應位，賊雖被脫逃而終必獲。
要知何方隱遁，六親八卦推詳。

凡卜捕盜，看官爻、子孫。官旺子衰，彼強我弱，必然難獲。子旺官衰，彼雖遠避而易捕獲。子動無官人難捉，有官無子亦難尋。世剋應，彼雖強而易獲；應剋世，總然他弱亦難尋。官動子亦動，宜速不宜遲；官空子亦空，宜緩不宜速。要知何方，須看官爻、子孫。官居子在北方，官居午在南方，空以衝方為用。官旺子衰，喜子孫生旺之方為吉。官居午爻乾宮，西北、南方同推。官爻發動，或有墓爻，即墓方斷之。或有衝爻，即衝方斷之。官臨五爻驛馬，必在道路；臨於六爻，即遠方。卦中官在內三爻，以近方斷；在外三爻，以遠方論。官爻逢衝，必被傍人說破。卦中動爻合住，即合而推，因被人留住，看內三爻則近，在外三爻則遠。官爻投墓，衝墓之日必獲。子孫臨於衰地，喜子孫生旺之日可獲。有六神之論，不可依玄武而斷，須於官鬼推詳。

尋逃失

逃失尋人用爻詳（校按：陳本作推），用神宜露不宜藏。
世傷用爻宜衝剋，用神臨墓看衝方。

凡占逃亡走失，當推用爻。世剋用爻，尋之則易；用神衝剋世爻，必然難訪，須要日月衝剋，不能遠方逃遁。卦中有一爻發動，衝剋用爻，有傍人知其去路；生合世爻，必有人來知覺同往。用神得動爻生合，被人留住去路。用神投墓，看墓方而行。有衝爻發動，即衝方為用，衝日必見。用神臨於華蓋，即隱僧房道院。坎宮水爻，或辰爻發動，隱於水中，或捕魚，或在舟中之人引路而去。生合世爻，自然與彼同來。乾宮金爻，在僧道親鄰人家。臨辰戌丑未，在庵觀寺廟，與用爻動合，定主僧道勾引而往。衝剋用神，生合世爻，必同僧道同回。用爻臨官合官，必近衙門貴宦之家。臨玄武兄弟，應在賭博人家。論坐宮，且如乾卦西北，用神臨寅申，不宜寅申之方。用神在坎卦為北方，用神離宮，即為南方。不可依用神推其方向，用在乾宮，即為西方校按：原本疑誤，應為西北方。人在何方，即將爻象歸於何宮，依何方論之。用爻臨空，衝用必見；用爻投墓即到；用爻逢衝，衝日必見；用爻安靜，觀合用而來，不可執一而推。

失物

如問失物，最忌財象重逢。用爻逢生，不出家庭之外。兄財發動，必入他人之手。財動生合，猶如囊中取物。用空忌動，當論衝位。八卦之中，各有分宮，問財以財爻為用，傢伙以兄弟為憑，衣服、船車、書信、屋宇以文書為用。內爻父書，或失於家庭，或有失於外方。被外卦外爻衝尅，失於外方，或有外方所得。內卦內爻衝尅，或失於家庭，或被家中人所獲。故有內外之分。看用臨何宮何爻，須知失陷，用爻不空，忌神發動，其物已失。得日辰生合住，失而復得；又加衝尅，其物難尋。且如乾卦寅木為財，申金發動，乾卦西北，申金西南，二方之理。況寅財乾宮方，亥水生合，豈有所失？獨看申方為用，必在西南所失，不可西北而推。申金不動，西北斷之，且如姤卦無財。伏在二爻亥水之下，即推西北而得。凡卦中伏神，伏神生合之方尋覓。用爻屬木，落金宮，不可依卦宮而推，以生合用方論之。或有失於土上，或有失於傢伙之內，或在臥房之中，或樓閣之上，或者失于竈邊。臨火庫火爻，即近竈邊；臨辰爻水爻。即水缸井內。如加玄武，必近坑廁。臨土爻初二三爻，必在地土之內。臨木火外三爻，以樓上為用；臨內三爻，即臥房之內。臨木宮、木爻、木庫，即在床內。臨六爻，即搜樑上；四爻門邊；五爻道路。或外三爻動，外三爻推論；內三爻動，內三爻推詳。金宮金爻，水缸內、首飾、金銀中尋。水宮水爻，或井邊水中。若臨玄武，堆穢汙之邊所獲。木宮木爻，木器之內。火宮火爻，竈邊灰炭之中。土宮土爻，以地上為用。木化火為炭，火化土為灰，水化土為缸，火化金為爐，金化火為火盆。五爻為衙，或近路傍；木火之爻，臨六爻樑上；臨土爻，即牆內；金爻磚片（校按：陳本作瓦）而推。或用爻屬木落於金宮，火爻在水宮，土爻落木宮，各有分位。用爻在何宮，即宮方斷之，不可依用爻定方向，故不可一例而推。

功名等數

問卜功名，當看官爻、文書。父作文章，最忌財爻交重。官遇日月長生，自然金榜題名、身登黃甲。官父喜逢長生，財子發動，少遂青雲得路。問功名，先看文書，後推官爻。問科舉，先看官爻，後論文書。問進學，先用父，後用官。仕途用官須用財。入學，父母為官鬼元神，子動傷官，財動傷文，難問入學。文書長生，臨乾宮生扶，為首，主一數；兌宮火爻生扶，主二數；離宮木爻，主三數；諸卦土金發動衝剋，主四五之數。且如金生水爻，亦主推水爻，不論金數。問秋闈，最喜乾宮金水生合，亦主魁元。論其數，以卦成數。乾化坎六，成一七數；坎化艮，有六七四十二數；艮化震，四七二十八數；震化巽，四五二十數；巽化離，成十五數；離化坤，三八二十四數；坤化兌，二八十六數；兌化乾，有二十一數。因先看兌二數也。卦爻安靜，以上下斷之。上乾下坤九數，成十八之數。餘卦倣此。

水一　火二　木三　金四　土五

乾一　兌二　離三　震四　巽五　坎六　艮七　坤八

會試

占會試，以先卦同推。凡占進場，或有世投於墓，或有身投於墓。世身父母官鬼投墓，反吉；兄弟投墓反凶。進場，官父不忌墓庫，子孫兄弟不宜投墓，非災即有亡身之禍。兄弟臨身世，官爻發動，反主官訟。官爻持世臨身為吉，兄子持世臨身為凶。

陞遷

仕途陞遷須用官，財興子動反成歡。

兄動子發難遷轉，所忌官星卦內全。

仕途超遷，喜官爻旺相。兄弟為劫財之神，最嫌發動。子孫為官鬼之忌神，豈宜興隆（校按：陳本作旺）。要財為祿，嫌剋嫌衝。兄動傷財，俸祿難滿。財空官動，少陞遷。子孫為子民，不宜發動傷官，民多凶暴。父為衙門，逢衝逢剋，冷落多損。官鬼持世，怕坐子孫之本方，不能身動。官逢驛馬，行速欽陞。子動生財，財動生官，世坐本宮官爻，應有脫靴留任。如水地比卦，即本宮為用，天火同人亦本宮論。官爻持世，子孫反為官鬼，民心頑劣。財爻持世，兄弟官鬼，俸不足而糧多耗散。財作官爻，民心安而祿厚。文書官鬼，恐衙署不寧。兄弟持世，被官爻剋制，主上司不睦，多傷財帛。要知何方為用，戌亥官鬼財爻，即推西北，辰巳以東南為用，未申西南，丑寅東北，子居北方，午居南，卯在東方，酉在西邊。居子孫之方，須防休職。世居五爻長生，當有欽召之喜。官居日月，或遇長生，權高祿厚。欲知官途榮顯，定主財官衰旺。

婚姻

男婚女嫁，所喜財官興隆。世作男家，最宜旺相生扶。應為妻室，惟嫌衝剋之鄉。世應相生，自然琴瑟和鳴。財官兩旺，必主夫唱婦隨。凡卜婚姻，先用財官世應。財為婦，官為夫，得旺相生扶，夫婦同歡。世應相合，姻親易就；世應衝剋，婚事難成。財官兩旺，自然夫唱婦隨[校按：陳本作自得鸞鳴凰唱]。世應相衝相剋[校按：陳本作世應相剋]，總成就非婚姻之卦 世剋應，我強他弱；應剋世，我弱化強，亦主難成。兄動剋財，子動傷官，不可言凶。得財官無衝剋，旺相生扶，世應相生相合，正為婚姻之卦。兄動剋財，女命不長；子動傷官，夫當夭折。此謂天命如是也，不可將凶而斷。問卜須看衝剋之方，喜生合之方為利，衝世之方為凶，衝應之方難成[校按：陳本作生合為利，衝世為凶，衝應難成]。卦值六衝，亦有上吉；卦值六合，亦有不吉。世臨官，應臨財，乃姻親之上卦。世爻衝剋旬空，男家退悔；應爻衝剋，女家更變。間爻當論媒妁，生應剋世，欺我之心；生世生應，終始兩全。間爻發動逢衝，媒妁多更變之心；臨於兄弟，恐見暗損利物。陰化陽宮，或陽化陰宮，男女同事。應動得間爻合住，須得用爻合住之人。臨陰宮陰爻，當有婦女說合；陽宮陽爻，男人為用。世應過宮，女換男婚；財官同宮，親上成親。世宮動合應財，或官動合財，宜乎入贅為婚。世臨兄弟，男家鄙吝；應帶兄弟，女家亦然。螣蛇、白虎臨兄官發動，須防鬪打官非。應臨兄官剋世，婦女家多更變之心。世剋應位遇兄官，螣蛇、白虎當搶奪，定遭官訟。應財化官伏官，主女有夫重嫁。應化兄，女犯重夫；女家問卜，夫當重娶。官鬼發動，妯娌不和；財爻發動，公姑不睦；兄弟、子孫發動，夫婦不和。白虎兄弟，女防產厄。卦中福神不透，恐少子息，父動亦然。兄旺財衰，妻見災病；官爻衝剋，其夫常有災病（校按：陳本作夫有災屯）。看何宮何爻，乾卦即頭上之疾；火爻發動，主應癩頭；坎離逢衝，即耳目之症；兌為口、震為足、艮為手、坤為腹之患。各分六神，青龍臨水木之爻，心多慈、面秀麗；木火朱雀，口燥而性直；如臨勾陳土爻，穩厚而遲鈍；螣蛇木火朱雀，主輕浮而少信；白虎金水之爻，性多剛直；玄武水木二爻，暗有機謀。初爻逢衝逢剋，足上之症；二爻即腿上有損，三爻為脈（校按：陳本作臀），四爻為腹，五爻為胸頸，六爻為頭面。女卜男婚，亦依此而斷。

疾病

凡占疾病用爻詳，子旺官衰最是良。
忌動用空嫌值日，用神喜弱怕剛強。

如占疾病，當用爻、六神、六親同推。用神有用而不用，不用而有用。六親有真假之分，有八卦六親，有世爻六親，有用爻六親，問病不可執一而斷。且如乾卦，子占父病，以文書為用。火為官鬼，得文書之元神，豈可以官為忌？以財為官鬼，不宜以火為官鬼；以火為用，用者官也，當以木（校按：陳本作才）爻為官；夫占妻病，以兄為官鬼；妻占夫病，以子孫為官鬼；父占子病，以父為官；占兄弟之病，獨用官鬼；故真假之分宜辨也。占病，剋我者為官鬼。五行、六親、六神、八卦，乾頭，坤腹，坎耳，離目，震足，艮手，兌口，巽股。乾宮木爻發動，水火發動，肺腎之疾。坎宮水火發動，推寒熱之症；坎宮土爻，痢疾主瀉。惟離宮水木發動，主胃風寒而起。艮宮土爻，主傷脾胃。坤坎二宮，亦主脾胃。乾兌二宮，主肺症。坎宮主腎，離宮主心症，震宮、巽宮主肝症。金動剋木，有傷肝經，兼惱怒而起。木剋土爻，脾氣不足；土剋水爻，腎經不足；水剋火爻，心血不足；火剋金爻，肺氣不足。火金發動，勞怯之症。有六神之論：青龍喜事人家而起，或酒色而起，婦女主生產；白虎亦主生產；朱雀主口角氣惱而起；勾陳主於動作；螣蛇主驚跌而起，或夜夢不安；白虎主病家、喪家而起，或鬪打血光而起；玄武主色太過，暗昧而起，因水而起；螣蛇、玄武水爻發動，主夜夢遺精；朱雀、白虎火金發動，主嘔血之症；勾陳土爻，主脾黄之疾。間爻臨白虎剋世，鄰家之病；帶應爻，因妻家探病而起。勾陳發動文書，因動作之土，官鬼因舊病而起。文書因勞碌而起，或因房屋。兄弟因爭而起，加玄武，賭博而起。子孫主於幼輩。或僧道捕捉而起。財爻主飲食而起，或財帛而起。墓官發動，心多恍惚。如朱雀，有人暗呈陰狀。螣蛇、白虎同興，主跌撲傷筋損骨。占病，喜用衰弱，其病必輕；用神太旺，其病必重。忌神發動，用神臨空，值日必死。忌動元神亦動，用衝神值日必愈，用動忌動多反覆。土化水，水化土，主肝膈症。服藥不下，上下不能通也，忌象交重，其病必變。卦中子孫不透，則服藥無功，其病必凶。占病無官，其病難痊。卜問痘症，亦用官爻。卦內無官，其痘難出。用神衰弱，忌象興隆，十病九死。疾病須看用爻，最嫌忌象交重。察病之輕重，用神不宜旺相。

求卜良醫，須用福神旺相。子為藥劑，推其動靜興衰。應作醫家，最嫌兄弟同宮。子動傷官，服藥全愈。身安求醫，用子用官。應為醫家，喜宜旺相生世，臨於子孫，更加全美。子旺官衰，服藥全愈；子衰官旺，病重藥輕。卦有一官，須要一子，衝剋為吉。若剋制不及太過，因藥亡身。服藥有生有死，或服藥而生，或因藥而死。空為病根，得子孫剋制為喜。一官遇子孫疊疊太過，則不用矣。要知醫家方向，推看子孫之方，或生合之方。水爻子孫喜北方，午火子孫喜南方，木爻子孫喜東方，木衰宜在西北。若臨衰地，推生合之方。子孫臨水木之爻，當用草藥。應空有子，醫家難請。臨兄弟，多耗財帛。子動無官，服藥難痊。

生產

或男或女，論陰陽之衰旺。要知產期，察其胎爻。子興子旺胎動，當推速至臨盆。陽爻子旺，應有獲麟之慶。卜生產之期，是男是女，論陰陽衰旺。子孫生剋，生剋臨胎爻，不宜臨官父，喜子孫加臨，子旺主生男，衰弱主女。看何臨盆，或子孫長生，或衝胎，或衝子孫，或胎爻長生即到，忌神發動難至。產婦臨盆驚駭，或有妨於產婦，或有傷於胎爻。父動剋子難養，兄動傷財，產婦多災，尤恐天元不足。但白虎為血神，喜臨子孫發動為速；臨水土發動，有血崩之患。震巽木爻忌神發動，須防產驚。子孫臨旺，衝日必到；子孫臨衰，生日必到，故有衰旺衝剋之分。

住宅

卜住宅之凶吉，論文書之生剋。父為住宅。察其動靜興衰。子為福神，不宜旬空月破。財為忌神，最嫌發動。如卜遷居，喜六爻安靜，父母不動，定然久遠。動剋子孫，多傷小口；官鬼發動。多生災病。一卦兩官兩父，定有兩家共住。兄弟發動，常多口角，妻僕多災。子動傷官，事無權柄，恐傷家主。要知遷方，須剋衝剋之鄉。子爻居北，發動丑方；酉爻居西，動合東南。文書臨衰，生合之方。空者，衝方為父母。化官伏官發動，屋內常停棺柩。財動傷父，屋宇損傷。先破資修整，看屋方向論。家宅同推。

求財

卜問求財，喜財臨生旺之地。子為元神，不宜逢衝落陷。兄財發動，須知空拳問利。財子兩旺，還宜世上逢之。求財看財爻為用，子孫為憑。財為用神，子為元神，有財須要子孫旺相。兄財發動，兄弟持世，喜空拳覓利；兄弟若不持世，主無財。世上兄弟，我剋財爻，財有用矣。不在世上，被他人剋制，財入他人之手，則無用矣。財子持世，得日辰生扶，如取囊中之物。一卦兩官兩財，當有二人求財，或者合夥求財。或有遠方，或者在家，或經營商買，各有所用。財臨外爻，喜在遠方；財在內宮，宜於本鄉。或有內財生合，或有外爻衝剋。或利於外，或有忌於內。財爻持世，臨於五六，必在遠方。財爻持世在內，在家為利。或有先不足而後利，或有先利而後不足，不宜久遠。卦內無官，求財反復。兄弟當權，故爾反復。求財有因財而受害，或有求財，忌兄弟持世，財官動來剋世傷財，因財為禍。財臨木火水，其財來速；臨土金之爻，來緩。加玄武同宮，小人之害。墓中之財，不宜出行。求財文書發動，勞碌辛勤。財爻臨應，或有伏財，掌他人資本。金水土財，喜江湖之客。

火土臨財，利陸路而行。玄武咸池，切莫貪花戀酒。華蓋剋世，大忌僧道同行歇宿。五爻兄弟剋世，途中交友慎之。五爻逢衝（校按：陳本作剋），道路須當謹慎。或青龍剋世，恐喜處生變。朱雀剋世，口角之非。勾陳多有阻隔，螣蛇須防驚駭牽連，白虎防災病閙打。玄武有暗昧小人，或應盜財；兄弟為誆騙之人。六爻逢衝旬空，地頭同推，不若在家則安。

出行

士人出行，怕官居世上，逢之最忌。身世臨子皆大吉，惟嫌六臨空地。卜出行，或有問名而出行，或有求財而出行，或有脫貨而出行。問名，用官不用子；求財，用子不用官。但問求名，亦要官鬼。若問名，以官為用。出行當於五六之爻，喜世應相生相合。五爻為道路，六爻地頭。世為賓，應為主，所喜者相生相合，所忌者相剋相衝。世應相生相合，賓主和睦。占他人以應為賓，占出行世賓應主，須要生合。初爻為足，二爻為身，三爻為門，四爻為戶，五爻道路，六爻地頭。初爻逢衝即行，逢合難行。二爻逢衝難行，恐見災病。三四衝合，去而速回。道路逢衝合，半路還鄉；或有衝而無剋，途中清寧；衝而有剋，必見中途憂患。衝剋者，子日衝午為剋，午日衝子為衝，非為剋，各有所分。六爻逢衝受剋，彼地不能久留。火土臨官發動，喜旱路而行；金水木爻，宜水路而往。五六若遇貴人生合，途中遇貴人同推，當有遭際；五六被日月相合，途中有人留住，不能歸家。若有凶煞，以前卦求財章內，依此而斷。再推飛伏之神，生剋辨其吉凶。

行人

卜行人之歸期，須觀用象之交重。用神發動剋世，行人立至還鄉。行人歸期，先看用爻發動。用神安靜，難定歸期，衝用必至。用爻動三合速至，動剋世爻立到。被動合住，來而復去。用神六爻發動，地頭自動在五爻，即推道路。臨三四爻，即到庭前；內三爻在家。看用爻，有衰動，有旺動，旺動來速，衰動來遲。世剋用爻，行人難至，若投墓庫，看衝庫斷之。用神或有兄作為父，父作為財，財作為兄，仔細推詳。觀用去向，或有子爻用神，居南即到；酉爻用神，卯方速歸；巳爻用神，申方緩至；看衝合之方即知歸期。

尋館

尋館求師，先察福神、文書。應作東家，最忌旬空、月破。父為師長，不宜剋世傷身。師之東家，以應爻為用，喜臨財子，生世為吉。子旺生合世爻，定主師弟相投，一爻衝剋，有退悔之心。東家卜師長，以文書為用，喜生世。子孫持世，父母發動，非為上吉。文書生世，得日生合，可知五經通貫。若逢衝剋，四書欠撤。官動生父，父動生兄，兄動生子，必然世代名家。學詩學禮，師來問卜，喜財子旺相，修儀定主豐厚。應兄剋動財爻，可知東家鄙。欲知久遠，喜遇世應長生。

謀事

成事謀望世應尋，先論財爻喜子孫。

子作元神宜旺相，一位逢衝仔細評。

謀望成事，先看世應，後究財官。旺相得日月生扶，世應相生相合，謀而易成。應剋世難成，世剋應亦主難成。世應旬空，當有退悔。或有交易成事，須用子孫財爻，生合世爻易成。間爻衝剋，傍人損耗。應動合世，他來就我；世動合應，我去尋他。或有脫貨交易，財動為速。世應衝剋動，多遭更變。卦中動合為利，衝剋必難。房產看文書，成事論世應。

開店

開張守業，世應喜遇財官。世應相生，須知鬧熱六庭。有財無子，經營豈得長年。兄動剋財，貿易須知損耗資本。開張守業，得應生世位為喜，或官爻持世，財臨應位，可知鬧熱門庭。財子興隆，利當十倍。兄動無子，多損資財，空拳問利反吉。卦有兩官兩財，合夥為利。世為開店之主，應為客賓至如歸之人校按：陳本作應為客賓之人，所喜生合。三四為門，臨財爻子孫，生意綿綿；臨螣蛇、白虎，非鬥打生非，即多生災疾；朱雀臨，多遭口舌；臨玄武，須防小人。及於賭博，臨火兄官，有火燭之驚。官爻發動，官訟宜防。飛神臨兄剋世，出入交遊宜慎。金爻財子，西向則吉；木爻子財，東向亦利。水爻喜北，火爻利南，各有方向，衝剋不宜。

頓貨脫貨

頓貨求財，兄位交重反吉。
財旺子興，早晚時價不同。

凡卜頓貨，若然兄動，其貨必賤；財旺子興，其價必高。如財子臨衰，將木必貴；財子旺相，後來主賤。頓貨財衰，將來價高必重；財爻臨旺，後來價賤必輕。財爻臨墓，更喜財臨兄弟之宮，其貨不久而脫，其價必輕；財臨子孫之宮，不久而脫，其價必重。水火臨財，貨宜速脫；土金財爻，緩必加增。且如春月以金財為用，夏月金水亦然。秋月木財為用，因先衰而後旺，先輕後重。脫貨，以財衰喜頓，財旺之時喜脫，論其衰旺，察其貴賤。

借貸

借人財帛，以財爻應上為憑。財生世位，不宜應爻旬空。

應財落陷財難得，應財合世最為良。

借貸財帛，先看財爻，次看應爻。財為用神，應為彼之用神。財來生世必易，財來剋世，得而且難。應爻空位，臨期難以相合，多生不欲之心。若與親朋，各看用神，尊長以父為用，朋友兄弟為用，外家應爻為用，下輩子孫為用。水火財爻，其財必速，土金必緩。臨青龍、朱雀必速，臨勾陳遲鈍，螣蛇少信，玄武多機變而暗昧。或陰宮財爻，托婦人可得。臨乾宮，即老陽人；坤宮，即老陰人；震宮長男，巽宮長女，餘卦倣此。定各方之生合，衝方難得，生合之方易得，以八卦、六神論之。

詞訟

卜問詞訟看官居，子動財興反不宜。

世應臨官終不美，所喜官爻逢絕地校按：陳本作官逢絕地甚相宜。

如占詞訟，看官爻旺衰，論子孫動靜。文書為詞訟，應為對敵之人。世剋應爻，我去欺他；應剋世，彼來欺我。不論輸贏，當分強弱。未成之前告狀，先看文書發動，後推官鬼臨日月。當有憲臺，臨內三爻在縣，四爻府道，太歲五爻乾宮御狀，六爻為部屬，各宜分爻、八卦、六神、六親。文書臨空，不能成訟。准狀或被不准，當推生剋。旺剋，一次不准，復控必准。定五行論，水剋火主一次，火主二次，木主三次，金主四次，土生五次。無衝無剋，一次必准。官動生父，父動剋世，詞狀不准，反有刑險。卦中官爻不宜動，衝剋世爻主凶。兄官剋世傷身，有破家之患，剋應為吉。文書為房產、尊長，再推子孫為幼輩，或僧道，或無事而起，或因小至大，戲耍而起。兄弟為手足朋友而起，財爻為妻奴交易嫁娶而起，官鬼為舊訟仇人而起、錢糧差役而來。六神之論，青龍為喜事，美中而起；朱雀，為口角；勾陳，田產動作；螣蛇，主牽連之非；白虎，為鬭打人命；玄武，主盜賊小人。如加玄武、咸池，風花之事。決人罪重罪輕，觀其六神。臨日月衝剋為用，螣蛇、白虎文書，非枷即牢；螣蛇、白虎兄弟，有刑杖之憂；螣蛇、白虎官鬼旺相，日月加臨羊刃，主斬；臨墓爻官鬼，主內堂聽審（校按：此句依陳本補入），又主死於獄中；螣蛇官爻、驛馬文書，主充軍徙流之罪。官化子吉，官鬼不臨日月剋身傷世，不可言凶。

欲知何日成訟，論官爲用；要完訟之時，當察福神。推卦衰旺，爻論動靜，六親有生合之辨，六神究衝剋之分。

管公明十三篇終

占筮類			
1	擲地金聲搜精秘訣	心一堂編	沈氏研易樓藏稀見易占秘鈔本
2	卜易拆字秘傳百日通	心一堂編	
3	易占陽宅六十四卦秘斷	心一堂編	火珠林占陽宅風水秘鈔本
星命類			
4	斗數宣微	【民國】王裁珊	民初最重要斗數著述之一；未刪改本
5	斗數觀測錄	【民國】王裁珊	失傳民初斗數重要著作
6	《地星會源》《斗數綱要》合刊	心一堂編	失傳的第三種飛星斗數
7	《斗數秘鈔》《紫微斗數之捷徑》合刊	心一堂編	珍稀「紫微斗數」舊鈔秘本
8	斗數演例	心一堂編	
9	紫微斗數全書（清初刻原本）	題【宋】陳希夷	斗數全書本來面目；有別於錯誤極多的坊本
10－12	鐵板神數（清刻足本）——附秘鈔密碼表	題【宋】邵雍	無錯漏原版秘鈔密碼表　首次公開！
13－15	蠢子數纏度	題【宋】邵雍	蠢子數連密碼表打破數百年秘傳　首次公開！
16－19	皇極數	題【宋】邵雍	清鈔孤本附起例及完整密碼表研究神數必讀！
20－21	邵夫子先天神數	題【宋】邵雍	附手鈔密碼表研究神數必讀！
22	八刻分經定數（密碼表）	題【宋】邵雍	皇極數另一版本；附手鈔密碼表
23	新命理探原	【民國】袁樹珊	子平命理必讀教科書！
24－25	袁氏命譜	【民國】袁樹珊	
26	韋氏命學講義	【民國】韋千里	民初二大命理家南袁北韋
27	千里命稿	【民國】韋千里	北韋之命理經典
28	精選命理約言	【民國】韋千里	
29	滴天髓闡微——附李雨田命理初學捷徑	【民國】袁樹珊、李雨田	命理經典未刪改足本
30	段氏白話命學綱要	【民國】段方	民初命理經典最淺白易懂
31	命理用神精華	【民國】王心田	學命理者之寶鏡

32	命學探驪集	【民國】張巢雲	發前人所未發 稀見民初子平命理著作
33	澹園命談	【民國】高澹園	
34	算命一讀通——鴻福齊天	【民國】不空居士、覺先居士合纂	
35	子平玄理	【民國】施惕君	
36	星命風水秘傳百日通	心一堂編	
37	命理大四字金前定	題【晉】鬼谷子王詡	源自元代算命術
38	命理斷語義理源深	心一堂編	稀見清代批命斷語及活套
39－40	文武星案	【明】陸位	失傳四百年《張果星宗》姊妹篇 千多星盤命例 研究命學必備
相術類			
41	新相人學講義	【民國】楊叔和	失傳民初白話文相術書
42	手相學淺說	【民國】黃龍	民初中西結合手相學經典
43	大清相法	心一堂編	重現失傳經典相書
44	相法易知	心一堂編	
45	相法秘傳百日通	心一堂編	
堪輿類			
46	靈城精義箋	【清】沈竹礽	沈氏玄空遺珍 玄空風水必讀
47	地理辨正抉要	【清】沈竹礽	
48	《玄空古義四種通釋》《地理疑義答問》合刊	沈瓞民	
49	《沈氏玄空吹虀室雜存》《玄空捷訣》合刊	【民國】申聽禪	
50	漢鏡齋堪輿小識	【民國】查國珍、沈瓞民	
51	堪輿一覽	【清】孫竹田	失傳已久的無常派玄空經典
52	章仲山挨星秘訣（修定版）	【清】章仲山	章仲山無常派玄空珍秘 門內秘本首次公開 沈竹礽等大師尋覓一生末得之珍本！
53	臨穴指南	【清】章仲山	
54	章仲山宅案附無常派玄空秘要	心一堂編	
55	地理辨正補	【清】朱小鶴	玄空六派蘇州派代表作
56	陽宅覺元氏新書	【清】元祝垚	簡易・有效・神驗之玄空陽宅法
57	地學鐵骨秘　附　吳師青藏命理大易數	【民國】吳師青	釋玄空廣東派地學之秘
58－61	四秘全書十二種（清刻原本）	【清】尹一勺	玄空湘楚派經典本來面目 有別於錯誤極多的坊本

62	地理辨正補註 附 元空秘旨 天元五歌 玄空精髓 心法秘訣等數種合刊	【民國】胡仲言	貫通易理、巒頭、三元、三合、天星、中醫
63	地理辨正自解	【清】李思白	公開玄空家「分率尺、工部尺、量天尺」之秘
64	許氏地理辨正釋義	【民國】許錦灝	民國易學名家黃元炳力薦
65	地理辨正天玉經內傳要訣圖解	【清】程懷榮	秘訣一語道破，圖文并茂
66	謝氏地理書	【民國】謝復	玄空體用兼備、深入淺出
67	論山水元運易理斷驗、三元氣運說附紫白訣等五種合刊	【宋】吳景鸞等	失傳古本《玄空秘旨》《紫白訣》
68	星卦奧義圖訣	【清】施安仁	
69	三元地學秘傳	【清】何文源	三元玄空門內秘笈 清鈔孤本 過去均為必須守秘不能公開秘密 與今天流行飛星法不同
70	三元玄空挨星四十八局圖說	心一堂編	
71	三元挨星秘訣仙傳	心一堂編	
72	三元地理正傳	心一堂編	
73	三元天心正運	心一堂編	
74	元空紫白陽宅秘旨	心一堂編	
75	玄空挨星秘圖 附 堪輿指迷	心一堂編	
76	姚氏地理辨正圖說 附 地理九星并挨星真訣全圖 秘傳河圖精義等數種合刊	【清】姚文田等	
77	元空法鑑批點本——附 法鑑口授訣要、秘傳玄空三鑑奧義匯鈔 合刊	【清】曾懷玉等	蓮池心法 玄空六法 門內秘鈔本首次公開
78	元空法鑑心法	【清】曾懷玉等	
79	蔣徒傳天玉經補註	【清】項木林、曾懷玉	
80	地理學新義	【民國】俞仁宇撰	
81	地理辨正揭隱（足本）附連城派秘鈔口訣	【民國】王邈達	揭開連城派風水之秘
82	趙連城傳地理秘訣附雪庵和尚字字金	【明】趙連城	
83	趙連城秘傳楊公地理真訣	【明】趙連城	
84	地理法門全書	仗溪子、芝罘子	巒頭風水，內容簡核、深入淺出
85	地理方外別傳	【清】熙齋上人	巒頭形勢、「望氣」「鑑神」
86	地理輯要	【清】余鵬	集地理經典之精要
87	地理秘珍	【清】錫九氏	巒頭、三合天星，圖文並茂
88	《羅經舉要》附《附三合天機秘訣》	【清】賈長吉	清鈔孤本羅經、三合訣法圖解
89-90	嚴陵張九儀增釋地理琢玉斧巒	【清】張九儀	清初三合風水名家張九儀經典清刻原本！

91	地學形勢摘要	心一堂編	形家秘鈔珍本
92	《平洋地理入門》《巒頭圖解》合刊	【清】盧崇台	平洋水法、形家秘本
93	《鑒水極玄經》《秘授水法》合刊	【唐】司馬頭陀、【清】鮑湘襟	千古之秘，不可妄傳匪人
94	平洋地理闡秘	心一堂編	雲間三元平洋形法秘鈔珍本
95	地經圖說	【清】余九皋	形勢理氣、精繪圖文
96	司馬頭陀地鉗	【唐】司馬頭陀	流傳極稀《地鉗》
97	欽天監地理醒世切要辨論	【清】欽天監	公開清代皇室御用風水真本
三式類			
98-99	大六壬尋源二種	【清】張純照	六壬入門、占課指南
100	六壬教科六壬鑰	【民國】蔣問天	由淺入深，首尾悉備
101	壬課總訣	心一堂編	過去術家不外傳的珍稀六壬術秘鈔本
102	六壬秘斷	心一堂編	
103	大六壬類闡	心一堂編	
104	六壬秘笈——韋千里占卜講義	【民國】韋千里	六壬入門必備
105	壬學述古	【民國】曹仁麟	依法占之，「無不神驗」
106	奇門揭要	心一堂編	集「法奇門」、「術奇門」精要
107	奇門行軍要略	【清】劉文瀾	條理清晰、簡明易用
108	奇門大宗直旨	劉毗	天下孤本　首次公開
109	奇門三奇干支神應	馮繼明	虛白盧藏本《秘藏遁甲天機》
110	奇門仙機	題【漢】張子房	奇門不傳之秘　應驗如神
111	奇門心法秘纂	題【漢】韓信（淮陰侯）	
112	奇門廬中闡秘	題【三國】諸葛武侯註	
選擇類			
113-114	儀度六壬選日要訣	【清】張九儀	清初三合風水名家張九儀擇日秘傳
115	天元選擇辨正	【清】一園主人	釋蔣大鴻天元選擇法
其他類			
116	述卜筮星相學	【民國】袁樹珊	民初二大命理家南袁北韋
117-120	中國歷代卜人傳	【民國】袁樹珊	南袁之術數經典